NonFiction
論創ノンフィクション 003

隠された「戦争」

「ノモンハン事件」の裏側

KAMAKURA Hideya

鎌倉英也

復刊にあたって

本書は、『ノモンハン　隠された「戦争」』（NHK出版、二〇〇一年）の復刊である。

もとの書籍は、一九九九年八月一七日にNHK総合テレビで放送された番組『ドキュメントノモンハン事件～六〇年目の真実～』の制作のために行われたおよそ半年以上に及ぶ取材とロケーションの記録を綴ったルポルタージュだった。

残念ながら、テレビ番組では、限られた放送時間の制約の中で、取材した資料や証言のごく一部しか紹介することができない。一時的に解禁されたロシア軍事史公文書館の極秘文書や、モンゴルに眠っていた非公開の内務省文書を入手し、それら文書の解読のもとに関係者を探しては数多くの貴重な証言を撮影することができたのだが、そのほとんどはテレビ番組としては伝えることができず、再び埋もれてゆきかねない状況だった。

そんな時、書籍化の話が舞い込み、集めた資料のすべてを掲載するとともに、私自身の取材の過程も加えて出版していただいたことは望外の喜びだった。

「ノモンハン」の放送や出版には、予想をはるかに超える反響をいただいた。

放送後は、「番組によって上官がわかり、六〇年ぶりに会いました」「あの映像フィルムに映っていたのは私の父の遺品です」など、視聴者の皆さんから生々しい声や手紙が寄せられ、中には、その後も長く手紙のやりとりが続いた方もいた。また、書籍化された後は、収集資料や私なりの分析について、『明と暗のノモンハン戦史』（秦郁彦著、二〇一四年）をはじめ、さまざまな研究書に引用される栄にも浴した。しかし、初版発行からおよそ二〇年が過ぎ、原著は絶版となっている。

このたび、その復刊企画を論創社からいただいた。「ここに書かれていることは、単に過ぎ去った戦争の記録という意味を越えて、令和となった現代にも響く警告ではないか」という復刊の意図をお聞きし、ありがたくお願いすることにした。

一九三九年に起きた「ノモンハン事件」から数えると、八〇年を超える歳月が経つ。

「ノモンハン事件」は、国の内外を問わず未曾有の犠牲者を出しながら明治以来の国家を滅亡させたアジア太平洋戦争の「序曲」ともなった戦争である。あの時、六年後の破滅を回避できる「ポイント・オブ・リターン」は数々あった。それを省みることなく、なぜ、突き進んでしまったのか。

また、それは果たして「戦争」だけのことなのだろうか。あのとき問われた国家の体質は、二〇二〇年という「戦後」の現在、本当に変わったと確言できるだろうか。状況を合理的に見極め、透明性をもって結果の検証を重ねていると言えるだろうか――そんな思いがよぎる。

復刊に際しては、読みやすさを考え、若干の文言を加筆・修正するとともに掲載写真を増やした。資料番号や証言者の年齢や肩書などは取材当時のものである。

また、原著にあった「エピローグ」は割愛し、新たに「ノモンハン事件」が二〇二〇年の現在とどのようにつながっているか、思うことを第九章として加えた。

取材時に発掘収集したロシア軍事史公文書館所蔵文書は、原著と同様、巻末にそのリストを付録した。そのコピーはすべて、当時の防衛庁防衛研究所（現防衛省防衛研究所）に寄贈している。それらもまた、引き続き「ノモンハン事件」の研究のための一助となれば幸いに思う。

第一章　誤差「ノモンハン事件」ではなかった

どうして戦争のことばかり書くか、ですって？
二〇世紀。私たちは、戦争をしていたか、あるいは戦争の準備をしていたからです。
――スベトラーナ・アレクシエーヴィチ
（「インタビュー記録」より）

五月ともなると、モスクワは、遮光カーテンをいっせいに開け放ったようにまぶしい。若い女たちは、黒々とした重苦しいコートを脱ぎ捨てて、Tシャツ一枚で街路樹の間をゆきかい、胸郭いっぱいに春の陽の光をふくらませているのがわかる。雪のように降り、風に吹かれて舞うポプラの綿毛さえ我慢すれば、一年でもっとも美しい季節がやってきた。

カメラの三脚を肩から降ろし、通り過ぎる人々をぼうっと眺めていた。目の前の光景とは裏腹に、気分は晴れなかった。

日本を旅立ってから一週間がたつ。私は、かつて日本と旧ソ連が関わりをもった、ある「事件」を取材するためにモスクワまでやって来た。それは、日本軍による中国大陸侵略が始まった満州事変から八年後、日米開戦からわずか二年前に起きた武力衝突の「事件」。日本では「ノモンハン事件」と呼ばれる「事件」である。

しかし、ここロシアで、その名をたずねても通じないのだ。

連邦崩壊から八年、ベルリンの壁崩壊から一〇年となる一九九九年のことだった。

私のもとに、ロシア軍事史公文書館が厳重に秘匿してきた「ノモンハン事件」関係文書を続々と解禁し始めたとの情報が入った。

とりあえず、私は予備取材や歴史勉強をほったらかしにしたままロシアに飛び、モスクワ・マヤコフスカヤ駅近くの安アパートを借りて、七つ離れた駅にある公文書館通いを続けていた。文書は予想をはるかに上回る膨大な数、五万枚を超え、わずかな取材期間では、すべてに目を通すことなどとても不可能に思われた。しかしながら、学芸員たちが目の前に山積みにしてゆくファイルの中からは、ロシア語に翻訳された兵士の遺書、戦場で捕らえられた捕虜の名簿、さらには彼らへの尋問調書、スターリンと戦場のソビエト軍前線司令官が交わした電文など、興味をそそられる史料が次々とあらわれた。

時折、学芸員たちは、史料に埋もれている私に声をかけ、お茶を運んでくれる。

日本を旅立つ前に依頼しておいたこの極秘文書のタイトルリスト作りを引き受けてくれたのが、彼女たち学芸員である。

連邦崩壊にともなう経済自由化は国家財政を破綻させ、猛烈なインフレーションと、かつてない貧富の差を生んだ。国家公務員である彼女たちのわずかな給料も滞りがちで、そういえば一週間、着ているものに変化がない。今までほとんど誰の目にも触れることなく埃にまみれていた文書に一から目を通し、史料の日付とタイトルを確定するという気の遠くなるような作業を続けてくれた彼女たちの労苦は、大変なものであると思われた。

——あなたは、「ノモンハン事件」を知っていましたか?

思わずそう声をかけると、彼女たちはまず眉をひそめ、こちらの真意をはかりかねる、といった笑顔を精一杯つくってこう問いかけてくる。

——それは何ですか?

どうも話が嚙み合わない。そもそもこのファイルは「ノモンハン事件」文書ではないか。通訳のイーゴリがあわてて間に入る。そして、ロシア語でひと言ふた言。

そのうちに彼女たちは了解とばかりにこちらに向かってうなずいた。

——あのね。こちらでは「ノモンハン事件」とは言わないんですよ。

イーゴリが、地下鉄の駅に向かう帰路の途中で教えてくれる。

――「ハルヒンゴル戦争」つまり「ハルハ河戦争」という感じですね。そう呼ぶんです。

ショックだった。同じ戦いであるのに、彼我ではまったく呼び名がちがうのだ。

日本では「事件」だが、こちらでは「戦争」なのだ。しかも戦場だと認識していた地名「ノモンハン」と「ハルハ河」では、場所までちがうではないか。この呼称の「誤差」はいったい何なんだろう。不安になる。

地下鉄駅でイーゴリに別れを告げ、アパートにとって返すと、にわか勉強のために日本から持ってきた「ノモンハン事件」に関する書籍を開いた。


一九三九年五月。モンゴル人民共和国（以下、モンゴル）と満州国（いずれも当時）の国境地帯で起こった凄惨な戦いを、日本では「ノモンハン事件」と呼ぶ。

敵対したのは、モンゴル・ソビエト連合軍と満州国・日本連合軍である。

この戦いについて、日本の資料書籍のほとんどは、歴史教科書ももちろん、いまだに「ノモンハン事件」と記している。しかし、この戦いの一方の当事国においては、このような呼称は通用しない。少なくとも、軍事史公文書を管理するロシア人職員の間においても、「ハルヒンゴル戦争」すなわち「ハルハ河戦争」と記憶され続けているのである。

「ノモンハン事件」と「ハルハ河戦争」の間――。

そこには、単純な彼我の呼称の問題ではすまされない認識の隔たりが感じられた。

ハルハ河とは、モンゴルの東、中国との国境地帯を流れる大河である。その流域の広大な草原地帯が、戦いの舞台となった。ソビエト・モンゴル側が、この戦いを「ハルハ河戦争」と呼んだのは、戦場が単にこの河の流域であったからだけではないだろう。

このハルハ河こそが、戦いの原因を生んだからである。モンゴルと満州国の国境はハルハ河であると主張した日本・満州国側に対し、ソビエト・モンゴル側はハルハ河より東におよそ二〇キロメートルの線上、つまり満州国側に食い込んだ地上に国境線があると考えていた。

それぞれが、それぞれの国境防衛を理由に、戦闘を開始したのである。戦名を、その戦場面積を考慮した地名であらわすとすれば「ハルハ河」と呼ぶ方がより正確になる。

日本で使われる地名「ノモンハン」とは、この草原に生きるモンゴルの遊牧民がチベット仏教系であるラマ教の聖地とし、信仰の対象としていた「オボー（小さな石を墓標のように積み上げた塔）」が建っていた陵（塚）を指す言葉だ。つまりは、ある限定的な地点を指す名称に過ぎない。日本側には「ノモンハン地区」という大胆な括り方をしている資料も見られるが、これではどうだろう、例えば東京都全域を「新宿地区」と呼ぶようなものだ。

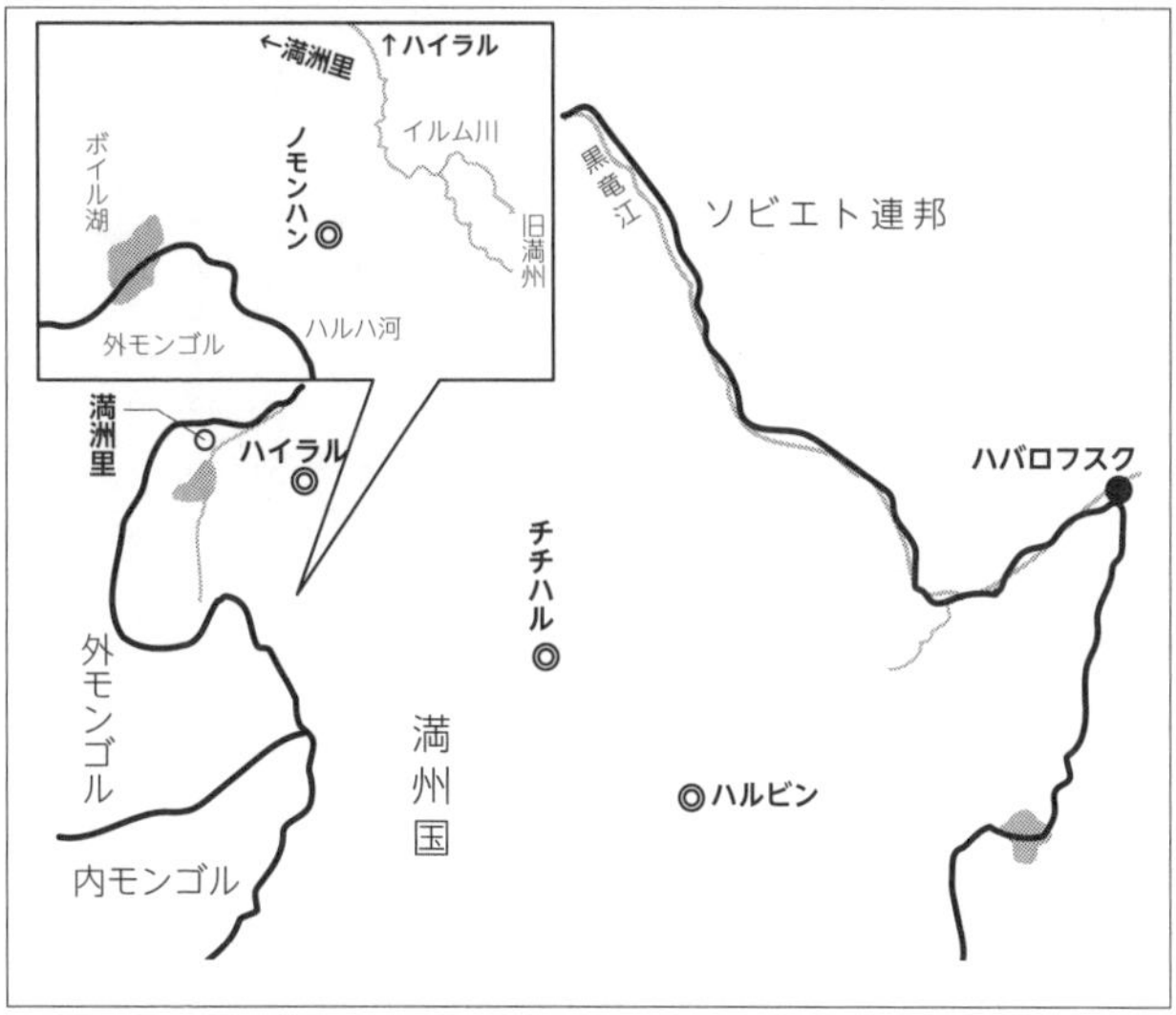

1939 年頃のノモンハン周辺の地図

戦場となったハルハ河流域の平原

それではなぜ、日本軍は「ノモンハン事件」としたのか。それは、戦闘が始まって、あわてて地図を開いた参謀たちが、そこに「ノモンハン」なる地点を見つけ、現場からの報告によって「この辺らしい」と認定したからともいわれる。

もっとも無理もない。

豊富な地下資源があるわけでもなく、脅威を感じるような軍事施設もまったくなかった広大な草ばかりの土地が、大規模な戦闘の舞台になるとは予想もしていなかったに相違ない。その意味では、この場所は日本軍にとってノーマークであった。しかし、いったん戦火が噴き出した地点から、炎は文字通り燎原の火のごとく燃え広がり、多くの兵隊たちは「ノモンハン」ではなく「ハルハ河」流域の草原で血みどろの戦闘を強いられたのである。

もうひとつ問題となるのは、「事件」と「戦争」という言葉の「誤差」である。

この戦いは、日本側だけでおよそ一万八〇〇〇人に及ぶ死傷者を出した、との報告がある。「事件」と呼ぶにはあまりにも多すぎる犠牲だ。

しかし、本当に重要なのは、数字の問題ではない。

日本が「事件」という言葉を使う背後に、実際の戦場となったモンゴルに対する視点がまったく抜け落ちていることこそ、看過できぬ問題として横たわっている。

この戦いは、モンゴルにとっては独立以来未曾有の、祖国防衛のための、まごうことなき

「戦争」であった。

世界で、ソビエトに次ぐ二番目の社会主義国家として歩み始めたばかりのモンゴルの悲劇は、実際の戦闘開始に先立つ戦争準備段階にもっとも顕著にあらわれる。

ソビエトは、モンゴル民族悲願の独立国家建設の承認をちらつかせつつ、モンゴルをアジアにおける対日本の防波堤とし、衛星国家に仕立て上げる極東戦略を組み立てていた。そのため、モンゴルは、モスクワにいるスターリンの徹底的な国内政治介入（というよりも支配）によって、強力にソビエト化を推進させられた。モスクワ指導部がいったん反ソ親日分子だと認定した者は、同じモンゴル人の手によって殺害・粛清されていった。その数は、今回の取材によって得た文書によれば、およそ二万六〇〇〇人、実に当時のモンゴル国民の三〇人に一人の割合に及んでいる。それでも、モンゴルの人々は、ようやく成し遂げた民族独立国家実現の夢を途絶されることを恐れ、ソビエトの力の前に、日本側と戦うことを余儀なくされたのである。

民族独立といっても、ことは単純ではなかった。

ソビエト、中国、日本という大国の狭間で、モンゴル民族はそれぞれの勢力下に分断されていた。日本軍支配下の満州国に組み込まれてしまったモンゴル人たちは、モンゴル人民共和国（外モンゴル）として独立した同族を敵として戦うことになったのである。

モンゴルの人々にとって、この戦いは、到底、「事件」どころではない重みを持つ。

「ノモンハン事件」――実態をともなわないこの名称。

「事件」という言葉が『出来事』に過ぎず、「戦争」が『国家間で、互いに自国の意志を相手国に強制するために、武力を用いて争うこと』（岩波書店「国語辞典」）であるとするならば、これは「事件」などではなく、まさしく「戦争」であった。

ロシア軍事史公文書館での取材を皮切りに、ロシア人やモンゴル人の退役軍人や当時の住民たちへの聞き取り調査（インタビュー）が進められた。そして、それを重ねるたびに、私は幾度となく、同じ過ちをくりかえすことになった。

――「ノモンハン事件」あ、いえ違いましたね、「ハルハ河戦争」についてお聞きしたいのですが……。

いつの間にか自分の中に組み込まれてしまっている「ノモンハン事件」という言葉が、私をあわてさせる。「事件」などではない、と理解したつもりでも、言葉として出してしまう自分が情けない。たかが言葉の問題と軽視することはできないからだ。

「敗走」を「転進」と言い、「全滅」を「玉砕」と虚飾し、「敗戦」を「終戦」、「占領」を「進駐」と言い換えるなかで、私たちはこれまでに、どれだけ現実を直視する思考回路を遮断されてきたことだろう。

苦々しい思いを抱きつつ、取材は続けられた。そして、それは最後まで変わることがなかった。この戦いの呼び方ひとつとっても明らかな日本の欺瞞の体質が、取材ノートのページ数に比例して増えてゆくように思われた。

二〇〇〇年になると、国家の威信回復を謳い「国民が胸を張って誇れる強い国家の再建」を掲げたプーチン政権によって、ロシアでは再び、過去の軍事機密文書は重い鉄扉の向こうに閉じられてゆくことになった。その直前のわずかな取材期間ではあったが、扉が開かれた一瞬、私たちが垣間見た文書から「ハルハ河戦争」の隠された断片を拾い出して書き留め、ここにつなぎとめておきたいと思う。

敵味方を問わず、実際の戦場・前線で死んでいった夥《おびただ》しい数の兵隊たちがいる。ひとりの人間としての「生」と未来。そして今、直面している自分の「死」の意味すら考えることを断ち切られた戦場での不条理が、彼らの心の内でぶつかりあい発火した時は確実にあったはずである。しかし、国家は、その名のもとに、その葛藤すら暴力的に押し潰していった。

多くの記憶が閉ざされ、忘却の彼方に押し込まれようとする歴史が問いかける「宿題」は、現在もなお、依然として、私たちの目の前に積み残されている。

第二章　断筆　司馬遼太郎のノモンハン

日本の秘密というのは、日本の弱点を秘密にしているだけのことですね。
ばかばかしくて、こんなものを書いていると精神衛生上悪いと思って書きませんでした。

――司馬遼太郎
（「講演録」より）

未知の取材への航海はいつも、ふとした、計算づくではないきっかけから始まるものだ。はじめは誰ともわからぬ同乗者の顔が、日を追うごとに鮮明になってゆく。カメラの三脚を立てるべき場所のポイントが次第に絞り込まれてゆく。たどり着くべき目的の港は、そうして幾度かの軌道修正を経たのちに決まってゆく。

「ノモンハン事件」という、それまで何の知識もなく、それゆえに何の興味も見出せなかった航海に乗り出したときも、あらかじめ準備された海図や羅針盤があったわけではない。

一九九六年春。私は、東大阪市にある作家・司馬遼太郎の書斎にいた。新聞をはじめとするマスコミが、その死去を悼む特集記事で埋め尽くされていた頃である。NHKでも業績を紹介する特集番組を編成することになり、その制作が、たまたま一仕事終わったばかりで当面の担当番組がなかった私に業務命令としてお鉢がまわってきたのだった。

書斎の主人は二月に急逝したばかりで、愛用の机や書棚には、執筆に向けて取材中の資料や書きかけの原稿がそのままのせられている。かつて、産経新聞の記者だった故人は、作品を作り上げるために膨大な資料を蒐集し、一方でまた、現地取材の過程を逐一、取材ノートに書き残していた。ライフワークとなった「街道をゆく」の取材ノートをはじめ、数々の小説のための取材準備ノートなど、その数は優に百冊を超えていた。それらは、この作家が、それぞれの作品にどのような動機をもって入り、何をメッセージしたかったかを探る上では貴重な資料になると思われた。私はさっそく書庫に入り込み、資料漁りを始めることにした。

「これは必要ある？　まあいいでしょうね、これは。結局、書くのやめちゃったからね」

ふりかえると、司馬遼太郎のかたわらで蒐集資料整理を長年担当してきた伊藤久美子さんが、本棚の隅に埋もれた段ボール箱に視線をおとしている。

「なんですか？　それは」

「『ノモンハン事件』っていうのがあったでしょ。あれを書きたかったんですって。それでずいぶん資料も集めたし、聞き取り調査もしたんだけど全部ここに押し込んであるのよ。もう書かないから目に見えないところにしまっといてくれって言われてね。そのくせ、何でもとっておくと手狭になっちゃうでしょう。私が『あれはもう処分してもいいですか?』って聞くと、決まって『捨てちゃ困るんだ。とっといてくれ』って言ってね。それが、この段ボール箱なんだけど……」

――「ノモンハン事件」? それっていったい何だったったっけ。

戸惑いが先に立った。

それは、遠い昔の受験勉強の記憶の片隅から突然ほじくり返された歴史用語のひとつに過ぎなかった。一夜漬けで叩き込んだだけの知識は、当然のことながら曖昧で、その事件がいつ、どこで、どのように起こったのか、思い起こすことさえできなかった。

さっそく遺族である妻の福田みどりさんに許しをいただいて段ボール箱を開封した。とりあえず、今回の取材の目的であるETV特集『司馬遼太郎の遺産』の番組構成上の材料にでもなれば、という気持ちからだった。ところが、出てきた取材の痕跡を前にして、私はそれが単なるエピソードの範囲をはるかに超えるものであると感じざるを得なくなった。そこには、この「事件」についてまとめられた様々な資料書籍、関連記事のスクラップとともに、地誌や戦闘状況について調べた取材準備ノート、元軍人兵士らへのインタビュー速記録が大量に眠っていたのである。

今にして思えば、一九七三年から彼が訪ね歩き、集中的に聞き取り調査を行った証言者は、「ノモンハン事件」当時の参謀本部作戦課長・稲田正純や、捨て身の肉弾戦を指揮した歩兵第二六連隊長・須見新一郎などを含んでおり、作戦計画や戦闘状況を知る上で大変重要な資料だった。しかし、残念なことに、当時はその鉱脈を認識するだけの知識を、こちらが持ち合わせていなかった。むしろこの時、興味をそそられたのは、司馬遼太郎の断筆の理由だった。

なぜ、彼は「ノモンハン事件」を書こうと思ったのか。

どうしてここまで調べ上げた資料を埋もれるままにしていたのだろうか。

そして、なぜ「ノモンハン事件」は終《つい》に書かれなかったのか。

一九三九年五月、満州西北部満蒙国境で起った国境紛争事件。日本軍はソ連戦車軍と機械化部隊のため死傷二万の潰滅的打撃で、九月停戦協定。
(『日本史用語集』山川出版社)

高校時代、受験勉強で使っていた古ぼけた歴史用語集を引っぱり出してみると「ノモンハン事件」とは、そういう事件である。

一九三九年といえば、日本がアジア太平洋戦争に突入する二年前のことだ。「潰滅的打撃」

といい「死傷二万」というからには、日本軍は決定的な敗戦を被ったにちがいない。『坂の上の雲』のようなサクセスストーリーにはならないはずだ。このわずか二行の説明の中に、司馬遼太郎の興味をひくどんな歴史が隠されているというのだろう。

私は、さっそく、みどりさんにインタビューを申し込んだ。妻として記憶しているだろう取材者としての彼の反応、表情や言葉が、その謎を解く手がかりになると思われた。

「取材から帰ってくるでしょう。『面白かった?』って聞くのね。すると、『ふん』とか言うだけでね。あとから日をおいて『つまらなかった』とか『あんなやつ』とか、いろいろ言ってましたよ」

刹那、インタビュー直前にひもといた「ノモンハン事件」取材ノートに走り書きされていた彼の筆跡が思い浮かんだ。

ノモンハン教訓　記憶　ズサン

（司馬遼太郎「ノモンハン事件」取材ノート）

彼にとってこの取材が余り愉快ではなかったことがうかがえる。

みどりさんがさらに言葉を継ぐ。

「出版社の方なんかに書くってお約束もしていたんですけれど、だんだんもういつ書くかわからないってことになってしまって……。それで、今でもはっきり覚えていますけれど、編集の方が『ノモンハン、よろしくお願いします』って言ったときに、こう言ったんです。『ノモンハン書いたら、俺、死んじゃうよ』。皆、ハッとして黙ってしまいました」

数々の「日本史」を題材にとった長編小説でベストセラー作家としての地位を不動のものにしていた司馬遼太郎が、それまで小説で成し遂げていなかった時代が「昭和」だった。話によれば、多くの出版社が、彼の初の昭和史小説となる「ノモンハン事件」の執筆を依頼していたという。しかし、その計画は「俺、死んじゃうよ」という不可解な一言とともに消えてしまった。文藝春秋の専務取締役であった半藤一利氏も、再三にわたって「ノモンハン事件」の執筆を迫っていた編集者のひとりである。彼は、断筆の理由を本人から次のように聞き出している。死の一年前のことである。

調べていけばいくほど空しくなってきましてね。世界に冠たる帝国といい気になって、夜郎自大となった昭和の軍人を、つまりは日本そのものを、きちんと描くには莫大なエネルギーを要します。昭和一二年に日中戦争が起こって、どろ沼化し、その間にノモンハンの大敗北があり、そしてノモンハンの敗戦からわずか二年で太平洋戦争をやる国です。合理的な、きちんと統治能力をもった国なら、そんな愚かなことをやるはずがない。これもまたこの国

のかたちのひとつといえますが、上手に焚きつけられたからって、よし承知したという具合にはいきません(笑)。淋しい話になりましたね。

(『プレジデント』一九九六年九月号、半藤一利「司馬遼太郎とノモンハン事件」)

みどりさんの証言によれば、司馬遼太郎は、時代が「昭和」から「平成」に移ってから、にわかに自分の小説群を「二二歳の自分への手紙」であったと総括しはじめたという。

一九四五年。日本敗戦の年。のちに司馬遼太郎というペンネームをもつことになる二二歳の青年・福田定一は、アメリカ軍の本土上陸迎撃要員として栃木県佐野市に配属されていた。戦車隊に属していた福田定一は、いざそのときが来れば、狭い佐野の道路は避難民であふれかえるにちがいなく、そのような状況で果たして戦車が出撃できるものか疑問を感じたという。この疑問に対する上官の答えは、彼にとって、はなはだ恐るべきものだった。

「(進軍の邪魔になる国民は)轢《ひ》き殺してゆけ」

国家が主導する戦争の正体を彼はこのとき見た。国家とは国民を守るためにあったはずである。しかし、最終局面に至っては、それがまったく逆転してしまうのだ。

この体験が小説家になる動機になったと彼は言う。

「日本とは本当にこんな愚かな国だったのか」という問いに引きずられ、歴史や街道に身をおいてその命題を検証することに半生を費やしてきたのだ、と。

確かに、それまで「主人公」としてのスポットライトを浴びてきたとはいいがたい人々——坂本龍馬や高田屋嘉兵衛、秋山兄弟といった人物を前面に据えて、激動悲劇の時代にも「逆境」をはねのけた好ましい「日本人」がいたという「物語」を創出することで、司馬遼太郎という作家は、もうひとりの自分、すなわち絶望的なトラウマの思いを引きずっている二二歳の福田定一に、せっせと励ましの「手紙」を書き送ってきたのかもしれない。

この作家としての文体（スタイル）と、「ノモンハン事件」断筆の理由は、少なからぬ関係を持っていると思われる。

昭和時代が終わった頃から、戦争体験者としての自分の像を意識しはじめ「二二歳の自分への手紙」なる発言が頻発化していることは、極めて示唆的であると思う。

司馬遼太郎が数多くの時事評論やエッセイで指摘するところによれば、「ノモンハン事件」における日本軍壊滅の原因は、軍部が「統帥権」を侵したところにあった、ということになろう。「統帥権」とは国家の軍隊に対する指揮・命令の最高権力であり、当時の日本においては、昭和天皇にその大権があった。当初はささやかな国境をめぐっての偶発的な諍《いさか》い（実は偶発的でなかったことは後に取材を通して明らかになるのだが）に過ぎなかった「ノモンハン事件」を大規模な「戦争」にまで発展させ、多くの死傷者を生んだ悲劇は、この大権を無視し、あるいは利用した軍部（関東軍）に起因するというのである。

従来の司馬小説の文体（スタイル）からすれば、「主人公」に据えてもよい資格をもつ者は、彼自身が唾棄すべき存在と考えていた「夜郎自大となった昭和の日本軍人」にあろうはずがなかった。むしろ、彼らに大権を踏みにじられたとされる昭和天皇その人の「逆境」にこそ、焦点はあったはずである。

しかし、ここに重大かつ決定的な疑問が生じる。

もし統帥権者が自律他律に優れた「合理的な、きちんと統治能力をもった国」であったとすれば、「そんな愚かなことをやるはずがない」し、たとえ取り返しのつかない失敗を犯したとしても、その自覚が深刻であればその根幹を検証し、「夜郎自大となった昭和の日本軍人」に、再び自らの大権を蹂躙されるようなことはなかったはずなのである。

しかし、一将校が住民を虐殺してまで任務をまっとうすべきであるという呪縛にかかった狂気の戦争は、実際に、その二年後に引き起こされてしまった。つまり、この国家において、軍事システムの最終最高権力者であった昭和天皇は、「ノモンハン事件」を教訓とすることができず、再び無謀な戦争を行う国家の指針を決定（もしくは承認）してしまったことになる。

これは、当時七二歳という齢を迎えていた作家にとって「よし承知したという具合には」いかない巨大な相手であったのかもしれない。

「死んじゃうよ」のひと言は、ナショナリスティックな意味——彼自身の表現に忠実であるならば「自分は、インターナショナル・ライン（国際線）ではなく、ドメスティック・ライン（国内線）を飛ぶ作家」であると自称する意味——において、「逆境の日本人を励まし続けた国民的作家」という虚名の上に立つ作家「司馬遼太郎」の自殺行為になる、という意味をいくぶん自覚的に含んだ言葉のように私には聞こえる。実体としても、疑問を持ちながら齢を重ねた「二二歳の自分」である福田定一に向けて書く絶望の遺書になり得たかもしれない。

これらは私の憶測の域を出ない。断筆の真意は永遠に謎のままである。


ここまで考えたとき、不思議に思うのは、なぜ彼は、彼自身体験した戦争ではなく従軍前の少年時代の出来事にしか過ぎない「ノモンハン事件」に立ち向かおうとしたか、である。

これは、彼が徴兵され配属された部隊を抜きにしては考えられない。

一九四三年一二月、大阪外国語学校（現・大阪外国語大学）蒙古語科に在学中だった福田定一は、学生徴兵猶予停止を受け仮卒業の扱いで学徒出陣する。いったん兵庫県加古川の戦車第一九連隊に入営した彼は、翌年四月、満州に渡り四平の陸軍戦車学校に入学。一二月には見習士官として牡丹江の戦車第一連隊に配属された。二一歳のときである。

実は、司馬遼太郎が語ったところ（陸戦学会総会記念講演、一九九四年）によれば、「この連隊はノモンハンでひどくやられた連隊」であった。彼は、同じ講演の中で、「ノモンハンは自分の部隊がひどい目に遭ったところですから、なにかしら書き残しておく必要があると思いまして」と、執筆動機の一端も述べている。彼我の兵器の差は、「ノモンハン事件」において日本軍「潰滅」の決定的なひとつの要因となった。戦車戦においては、「大和魂」など介在する余地はなく、物理的な兵器の差が生死に直結する。その恐怖を、彼は戦車隊員としての訓練中に現実問題として味わうことになったのである。乗った戦車には、内側から外況を視認するための小さな「貯金箱の穴のような」隙間の窓「覘視孔《てんしこう》」がついていた。

いつかは覘視孔の外界に出現するであろう敵戦車を待ち、そして敵戦車が出現した瞬間が私の死の瞬間になるはずでした。日本の戦車は余りにも旧式で、敵よりもはるかに鋼材が薄く、砲が敵にかすり傷も与えることができないほどに小さすぎました。（中略）

戦車という、数字が絶対化されている壁の中に棲むには、自己を極小へ縮めてゆかねば、勝ちの可能性がゼロという戦車に同一化することができず、そして極小化してゆく自己が、国家とか日本とかというのは何かということを考え込むうちに、いま想いだしても暈光を発するような実感をもって、国家というものの奇妙な姿態や、それを狂態へ駆りたてている架空の、それだけに声高に叫び、国民に脅迫をもって臨まざるをえない思想というものがよくわかるような気がしました。

（「自己を縮小して物を見る」毎日新聞、一九七三年一月八日付）

彼我の戦車の差は、マシンガンと火縄銃の差に等しい。そして、その戦車の中に張り付けられ人質化されている自分は、ひとたび事あれば細切れの肉片になること以外に道はない。その戦車で実際に戦った「戦争」があったことの驚き。そして、その非合理をそのまま放置して、再び、今、自分がそれに乗っている恐怖。

この状況下で「いかに勝つか」を彼が本気で考えたとしたら、それは狂気以外の何ものでもない。当然のことながら、その思考は「狂気を現実として行った」ことへの怒りと、それをいまだに「引き継いでいる」信じられない事態への懐疑に向かったことだろう。

「ノモンハン事件」をいまだに反省なきまま、国民に強要している国家。

司馬遼太郎の原点は、思考の道程上、アジア太平洋戦争ではなく、「ノモンハン事件」に到達した。彼が恐怖を感じた本質は「ノモンハン事件」にあったのである。

書庫の入口の本棚に、大岡昇平の『レイテ戦記』が置かれていたのを思い出す。

幾度となく読み返された形跡の残るその書は、フィリピンで捕虜となった作家自身が、そして無残に死んでいった人々が、アジア太平洋戦争という巨大な渦の中で、どんな構造のもとにそのような運命をたどったのか、徹底的に鳥瞰して把握しようとした大作である。

大岡昇平はそれに挑み、取材によって事実が積み重なるたびに加筆修正をくりかえし、止まらず、書き続けた。しかし、司馬遼太郎は筆を折った。今となれば、それのみが事実である。

——「ノモンハン事件」こそ、アジア太平洋戦争の悲劇の序章であり、原点であった。

司馬遼太郎が遺したこのただひとつだけの視点を、私たちは検証し歩むべきだと、このとき思った。

第三章　衝撃　五万枚のロシア極秘文書

戦争に敗けて却っていい戦争文学や記録が生れるなどと自惚れるのはやめた方がいい。同情は戦場の事実について、豊かな観察の源泉ではなかった。

――大岡昇平
（『証言　その時々』より）

かつてNHK入局七年目の夏、『日本のいちばん長い年　昭和二〇年・敗戦日記』（一九九四年放送）という特集番組の取材をしていて、不思議な記録に出会ったことがある。

この番組は、昭和天皇側近から前線の一兵士に至るまで、様々な人が敗戦の年一九四五年に書き残していた日記をもとに、この運命の年の同日同刻を輪切りにして並べ、それぞれの場所で何が起こっていたのか、立体的に描こうとする試みだった。

敗戦の年、一九四五年の元日には、宮中では前線の兵士の食事と同じメニューにし、その労苦を思った、という日記があるのと対照的に、南洋の孤島では見捨てられ置き去りにされた日本兵たちが畑を耕して育てたわずかなカボチャも底をつき、餓死してゆく様子が、一兵士の日記に克明に記されている。

同じ日や時間ごとに並べてみることによって「それぞれの戦争」の実相が次第に明らかになっていったのだが、ことに注目したのは、集められた日記の中に、日本敗戦の八月一五日からマッカーサー占領軍到着に至るまでのわずかな日数の間に書かれた、市民による次のような日記があったことだった。

――市谷《いちがや》方面を望むと、何やら大火事になったかと思われるほどの煙がもうもうと空に立ち込めている。それは途絶えることなく、夜になっても暗天を焦がすように次から次へと立ちのぼっていた。

このとき、日本陸軍の中枢があった市谷では、戦争中の膨大な作戦文書や機密文書を一挙に焼却隠滅する作業を行っていたのである。そこには、来るべき戦勝国による戦争裁判に向けて、不利となるいかなる証拠をも消し去ろうとする意図が働いていたとしか考えられない。

愕然とした。

これらの文書は、戦勝国が敗戦国を裁くための準備に使われるだけのものではない。自分の命を奪われた日本人、かけがえのない家族を殺された日本人、目の前で友人や肉親が犠牲になる瞬間を見続けてきた日本人にとって、なぜそのようなことが起こったのか、そしてどこにこのような大量殺戮が行われた決定の基盤があったのかを検証し、その責任を自らの手で追及して、二度とそのような歴史が起こらないようにするための重大かつ貴重な資料であったはずなのである。これは戦中を生きた人々の「戦中責任」を考える上で重要であることはもちろん、戦争を知らない私のような戦後の人間の「戦後責任」の所在を見つめてゆく上でも、欠かせない資料となったはずのものなのだ。それらの証拠が消されたのである。

この体質は、敗戦直後に限ったことではない。

数々の問題や疑惑に対して市民が開示を求める各省庁の文書公開の実態を思うとき、自分たちの生活共同体である国家の未来をより良く築くための検証の土台となるべき文書に改竄が加えられていたり消却されていたりすることが依然として後を絶たず、続いている。

国家の意思決定に関わる文書――ことに、戦争という多くの犠牲を強いる国策において、その国に生きている人々の「生」を握っていた権力が、彼らをどう扱おうとしたのか証拠づける文書――は、基本的に国家を構成する国民の共有財産であり、ことに国民が主権を持つ現在においては、何者も、それを隠匿消去する権利を持たないはずである。

それだけではない。戦争のように交戦国があり、その問題が多国間に及ぶ場合は、国際的にこのルールが遵守されなければならない。そうすることが、国際的に「あってはならないこと」「してはならないこと」の共通認識《コンセンサス》を得るための前提条件であり、この地球に住む人々を広範囲に巻き込む愚行を繰りかえさないための礎になるだろう。

とくに日本において、しばしば国家的犯罪が暴き出される契機になるのが、個人が丹念につけていた日記であったり遺書であったり告発状であったり、あるいは、耐えがたい思いの末に決意して行われる証言であったりするのは、この国家的隠蔽や改竄の体質に関わる問題である。

ロシア軍事史公文書館のハルハ河戦争関係文書庫

国家とはそのような体質に染まるものなのだろうかという疑念を抱いていた私にとって、ソビエト連邦崩壊後のモスクワからもたらされた情報は、にわかには信じがたいものだった。

ロシア軍事史公文書館が、今まで極秘とされてきた「ノモンハン事件」関係文書を公開し始め、私たち日本側のマスコミにもその後の使用条件なしで開示するという。

これは、当時『ＥＴＶ特集』のデスクだった長井暁からもたらされた情報だった。彼は、以前から私が司馬遼太郎の取材を通じて「ノモンハン事件」を番組にしようと考えていることを打ち明けていたＮＨＫ入局同期の友人であり、「ノモンハン事件」を大きく取り上げようとしていた私の提案が局の方針で通らなかった悔しさを理解してくれていた仲間でもあった。世界に残る、抹消を免れた文書からもう一度現代史を見つめなおすというシリーズ企画を進めていた彼が、ロシアでその可能性を探るうちに、未公開の「ノモンハン事件」文書の存在に気づき、この補強素材があれば「ノモンハン事件」の番組化も可能になると考えたのだろう、連絡をくれたのだった。彼は、それら文書を保管庫に入って確認してきたわけではない。しかし万事慎重かつ周到な彼は、すでに公文書館側に対して、手つかずの文書の新たなリスト作りを依頼していた。その結果いける感じだったらお前の好きなようにやったらいい、と言う。

一九九九年四月二五日。「ノモンハン事件」から六〇年を数えたこの年、私は、ロシア軍事史公文書館の学芸員が不眠不休で整理してくれたばかりの分厚い文書リストを手に、モスクワへ飛んだ。取材に同行していただいたのは名城大学の稲葉千晴助教授。これが、その後四カ月に及ぶ「ノモンハン事件」取材のはじまりとなった。

モスクワ国際空港で、イーゴリ・ロマノフスキー氏と合流。彼は、これからの取材・撮影における通訳とともに、ロシア側「ノモンハン事件」関係者（研究者・退役軍人）の生存・所在調査、インタビュー交渉を担当するリサーチャーでもある。

空港からモスクワ市内へのだらだらとした渋滞のハイウェーを抜け、申し込んでおいた市内のアパートに落ち着いた頃には、二二時をとうに回っていた。

私たち三人は、もはやこの時間にあいているまともなレストランを探すことなど断念して、近場の裏通りにあった、安いウオッカを飲ませる居酒屋で夕食をすませることにした。

私たちの目の前には、リストが置かれている。

「一九三九年　ハルハ河で起こったソビエト連邦と日本の戦争に関するロシア国立軍事史公文書館の注釈つき文書リスト」というタイトルのもとに、リストに挙げられた文書番号は、合計一八八七。その各々が数ページから数百ページに及ぶ内容を含んでいるため、実質枚数で数えるならば五万枚を超すだろう、というのが学芸員の見解だった。

ここにリストアップされた文書が、この時点で機密解除されたものである。一九九九年に新たに解禁されたものもあれば、以前から公開可能になっていたものも含まれる。

「これだけあると、何が玉で何が石か、見極めるだけでも大変ですね」

遅い夜食は、稲葉先生の苦笑いからはじまった。

「とてもすべてに当たることは不可能でしょう。今回、何に焦点を当て何を明らかにすべきかを考えて、どの文書を選ぶか判断するしかないですね。そこで……」

私は、出発前、稲葉氏との打合せを終えた段階で準備しておいたメモを取り出した。

「今回のロケーション前の文書取材期間は、今日を含めて一〇日間ばかりです。その間に、以下のポイントに絞ってできる限りの文書を出してもらい、内容を読み込みましょう」

リストには、それぞれの文書にふられた文書番号とともに、内容の要約と思われる簡単な注釈が付せられていた。

電文の場合は、その発受信日時、発受信者名とともに電文内容も抜粋されて書かれている。

例えば、「文書番号37977－1－37－17～21　一九三九年五月一六日　モスクワ時間六時三〇分　発信地・ウランバートル　第五七軍フェクレンコ司令官からヴォロシロフ国防人民委員宛て電文　五月一一日から五月一五日までのモンゴル人民共和国東国境地域で発生した国境侵犯状況、日本・満州国軍のモンゴル人民共和国国境警備隊駐屯地への攻撃状況、満州国政府に送った五月一五日付けの外交文書の内容と今後の第五七軍の行動計画に関する報告書」といった具合に。これによって、おおまかな内容の見当をつけることができるのである。

リストに載せられた注釈（タイトル）にしたがって、取材すべき文書は、以下のテーマに集中させようと考えた。

㈠戦争被害に関する文書

ソビエト軍の兵士動員数ならびに死傷者数

ソビエト軍が把握していた日本軍の死傷者数もしくは損耗率

モンゴル軍の兵士動員数ならびに死傷者数

(二)ソビエト軍の兵站(後方支援)・輸送戦略に関する文書
ソビエト軍は強力な機械化部隊(戦車隊)を前線に送っているが、それは、いつどのように決定され、その輸送計画はいかに実行されたか

(三)スターリンの極東戦略を証拠づける文書
スターリンが戦場にソビエトの強力な大量の部隊装備を送り込んだ意図
なぜ、この時期に日本との交戦を決断したか

(四)日本軍捕虜に関する文書
ソビエト側に捕らえられた日本・満州国軍兵士の捕虜の名前および人数
捕虜尋問調書で日本軍兵士は何を語ったのか
それによって浮かび上がる日本軍の内部で起こっていたこと
その後の捕虜の扱い、捕虜になった兵士の結末

(五)スターリンの戦争評価
「ノモンハン事件」は当時の世界情勢の中でどのように位置付けられたか

このメモは、その後、手分けして始める取材の基本的な海図である。

明らかにしておきたかったのは、今回の取材の目的が「ノモンハン事件」開戦から終結に至るまでの四カ月間に起こった戦闘経緯を追い、細かな戦史詳報をつくりあげることではない、ということだった。もちろん、今回解禁された文書の中には、従来の「ノモンハン事件」戦闘記録・資料を裏付ける文書もあろうし、逆に、今までの定説と矛盾し軍事戦略的な観点から新たな検証が必要とされる文書もあることだろう。それはそれで重要な問題だが、今回の関心はむしろ「ノモンハン事件」前後にある。

なぜこの戦争は引き起こされたのか。どうしてそれが大規模な戦闘に発展したのか。

その背後にどのような国際的な力学（とくにソビエトにとっての）が働いていたのか。

戦後日本ではなぜその教訓が生かされず、再びアジア太平洋戦争への道を突っ走ることになってしまったのか。

つまり、取材の目的は、戦場における戦略的失敗や戦局ごとの勝敗分析にあるのではなく、その裏側にあったアジア太平洋戦争の「原点」としての因子を探るところにある。眠っている文書は「今度は勝つため」の資料ではなく「二度と起こさないため」の資料とならなければならない。

㈠については、過去の資料によると戦争被害規模（損耗率）の算定がまちまちであったことから、もし、それを確定できる文書があれば価値が高いと考えたためである。とくに、その死傷者数についてはいまだ漆黒の闇に覆われている状態だった。

㈡及び㈢については、ソビエトの国際戦略上の極東対策を知る上で欠かせないポイントである。つまりは、スターリンが日本と本格的な戦闘を開始しようとした意図を探ることにある。それと同時に、日本がいかなる準備と情報検討の結果、この戦争を続行したのかも問題となる。

この戦争では、日本軍はソビエト軍の圧倒的な機械化部隊の出現によって壊滅的になったとされる。不思議なのは、それほど強力かつ大量の機械化戦車部隊がハルハ河戦場に輸送されるまで、なぜ日本はまったく気がつかなかったのか、ということである。もしもこの大量兵站輸送を知った上で戦争を続けようとしていたならば、戦力的にとても太刀打ちできない日本にとって、それは冷静さを欠いた自殺行為である。ソビエトは非常に巧みに、敵にまったく気付かれない方法で兵站輸送を行っていたのではないか、そう考えるのが自然である。日本は当時、はたして十分な情報検討を重ねた上で戦闘状態に入ったのか、それとも杜撰《ずさん》な情報分析と「やってみなければわからない」式の決断で戦火を交えることになったのか。これは、国民の生死を握っていた権力の姿勢として検討されるべき課題である。

㈣については、リストの後半にあった「関東軍に関する資料リスト」という項目の中に記されていた文書注釈（タイトル）によって、具体的な個人名が記された捕虜名簿、捕虜尋問調書、戦死した日本兵の遺書の翻訳などが大量に含まれていることがわかったからである。

捕虜尋問調書を分析することによって、ソビエト軍が日本軍の何を知りたがっていたのか、日本軍兵士はどんな内情を語ったのか、うかがうことができるだろう。捕虜となった一般兵士が自軍に対してどのような思いを抱いていたのかが浮き彫りになれば、当時の知られざる日本軍隊内の実相の一端に光を当てることができる。捕虜名簿は、記載されている兵士たちの「その後」を探る手がかりにもなるだろう。

(五)は、ソビエトの世界戦略のシナリオの中で、この極東の戦争がどのような意味を持ったかを考えるためである。当時、ソビエトはアジアの日本、ヨーロッパのドイツとの二正面作戦を強いられる形となっていた。その構図の中でヨーロッパをも視野に入れたとき、「ノモンハン事件」をどのように評価していたかである。この裏側には、対照的に、翻って日本がどのようにこの戦争を評価し、「その後」につなげたかという視点がある。

「このテーマがすべて文書から読みとれれば万々歳なんですがね……」

稲葉先生がリストをにらんで言葉を継ぐ。

「このリスト注釈によれば、どうやらスターリンの決定段階の試行錯誤までは追いきれそうもない。彼が何に悩み何を躊躇し、最終的に何をもとに決断したか、そういう肝腎の意思決定の瞬間に関わる文書はどうやら開示されていないようですね。むろん、軍事史公文書館の資料ですから戦局中心になるのは当然のことで、決定後の指令はたくさんあるようですけれど……」

それを受けたイーゴリは笑みをたたえながら、

「そういったことは、ロシア人は誰でも、スターリンが墓場に持っていってしまった、と言いますね。事実上独裁状態だったスターリンにとって、政策決定の瞬間やそこに至るプロセスは彼の頭の中にしか保存されていない、という意味です。やったことは大量に発掘調査されてわかってきているのですが……」

と言うや、すぐさま視線を正してひとつの可能性を示した。

「もし、スターリンと当時の側近政治局員トップの政策決定に関わる会談記録や覚書があるとするならば、内務省かクレムリンの大統領府公文書館の中でしょう。ここには、ひょっとするとこれにまつわる重要な機密文書が保存されている可能性があります。何せ、ロシア人はどんな紙切れでも、後から見ればたとえそれがゴミにしか過ぎないようなものであっても、何でもかんでも捨てずにとっておくようなところがあるんです。まったく存在しないとは言い切れませんね。

ただし、これらの保存機関へのアプローチは最高級難度にむずかしい。現在の状況では固く極秘として閉ざされています。ひとつには、スターリンの国内粛清に関わるデリケートな問題がとても多いからでしょうが、一九三〇年代の文書については、未整理な部分、例えばこれは機密解除してもOK、これはまだダメ、という判断をするだけの整理が進んでいないことも、公開を妨げている理由のひとつではないでしょうか」

イーゴリによれば、ソビエト連邦が崩壊した一九九一年から数年間は、雪崩を打ったように文書の公開が相次いだという。とくに、それまで元KGB職員や政府高官しか触れることができなかった文書の多くが、アメリカをはじめとする諸外国の研究機関の要請によって次々とこじ開けられた。そこには、ロシア政府の外貨獲得のための計算も働いていたらしい。文書一点につきいくらという契約で、要するに金額次第で、どんなものでも機密解除できる時期があったのだという。しかし、それから一〇年が過ぎ、さすがのロシアも金次第で文書を開くということはなくなった。再び、難しい時期に入ったのだという。

「なるほど。すると、今回は、スターリン関係については戦争経過の中でモスクワと前線が交信した電文などから、中央の方針と前線の戦略がどのように結びついていたかを探るしか方法はなさそうですね。そうした文書はたくさんあるようですから。開戦と戦局がドラスティックに変わった七月を中心に攻めてみますか」

稲葉先生の言葉にうなずきながら、私は、しかし、ロシア側に文書がこれだけ残されているという事実を知ったときの衝撃を反芻していた。まだその全貌には誰も分け入ったことがない未開の土地である。

それらの文書を戦場で拾い集め、ここモスクワまで持ち帰ったソビエト兵士たちのことを思った。それをファイルボックスにしまい込んだ人々のことを考えた。

まだ見ぬ文書のイメージがあれこれちらついて眠れそうにない。どうやら今夜は得体の知れない安ウオッカの力を借りるしかなさそうだった。


ロシア軍事史公文書館は、モスクワ中心部から離れたメトロ駅ウッドニースタディオンから歩いて五分の大通り沿いにある。

朝一〇時、開館前に到着すると、すでに年老いた女たちが玄関前に長蛇の列を作っていた。イーゴリによれば、彼女たちは皆、夫や息子を何らかの戦争で失った女たちで、遺族年金を申請するためにここに押しかけているのだという。

一九九八年の調査によれば、ロシアでは首都モスクワにおいてすら市民の半数以上の世帯が光熱費などの公共料金を支払えない生活困窮層に転落している。そのような人々にとって、年金や恩給は貴重な収入源である。彼女たちは、公文書館に保存されている身内の戦死記録や戦死証明書を何とかして見つけ出し、それを根拠に新たな収入を確保しようとしているのだ。

そうした事情を話すイーゴリにしたところで、実は彼はれっきとした政府関係研究機関に役職を持っており、それが本職でもあるのだが、その研究機関の建物は経費さえ支払えず電気も止められたまま、事実上、職場閉鎖されている状況だという。もちろん、国家から彼への給料の支払いはない。妻は女医だというが、ロシアでもっとも安月給なのが、医者と教師なのだといい、故障した自家用車はそのまま家にうっちゃってあると笑う。

守衛と老婆たちが大きな声で押し問答している脇を、いたたまれぬような気持ちにおそわれながら、私たちはくぐりぬけた。

長く長く薄暗い廊下。

「ノモンハン事件」文書が眠っている書庫へ案内される道のりである。

先頭に立ち私たちを誘導するのは、リュドミラ・ワシリーエヴナ館長。彼女は、私たちの取材同行を最後の仕事として転任されるそうだ。文書撮影許可は、館長権限に委ねられることが多い。館長が変わると、今まで何の問題もなかった撮影が突然不許可になることもしばしばだという。イーゴリは、そういった痛い思いを何度も味わっているから、彼女がやめないうちに取材や撮影のすべてを終わらせておくに限る、と言う。文書調査もさることながら、とにかく一刻も早くカメラマンを連れてきてどんどん撮影すべきだとせっつくのだが、撮影クルーと一緒に来られるのは二カ月後のこと。それまでに今回発掘した文書の翻訳作業や取材の指針を決める時間がどうしても必要になる。

館長交代の時期が早まらないことを祈りつつ見つめていた館長の背中の歩みが止まった。

「ここです。ここに、一九三九年のハルハ河戦争に関する文書があります。ご覧の棚の両脇には、一二〇〇を超えるファイルケースが保管されているのです。これらはいずれもつい先日まで極秘扱いとされていたものでした」

B4判ほどのサイズ、幅一〇センチほどのファイルボックスがひしめき合って並んでいる。

「現在の文書コレクションの総数がいくつあるかはとてもお答えできません。しかし、おそらく、文書数にして一〇万枚はあると思われます。最近、コレクションのうちの半分に当たる五万枚の文書、およそ六〇〇から七〇〇のファイルボックスが機密解除されました。一九九八年から今年一九九九年の一年の間に、です」

彼女の説明によれば、連邦崩壊前、ゴルバチョフ大統領の登場によって始まったグラスノスチ(情報公開)が進行する一九九〇年まで、文書は外国の研究者には非公開であり、ここにある五〇パーセントの文書はロシア人研究者にさえ見せられることはなかった。

変化が起こったのは、一九九二年すなわち連邦崩壊直後のことだったという。

一九九四年、九五年、九六年に機密文書解禁のピークが訪れたが、この段階ではまだ戦場で戦闘行動に参加した部隊の個々別の戦闘経緯のみが公開されたに過ぎなかった。

「ところが、去年から今年にかけて、文字通りの機密解除が始まったのです。それは現在でも進行中です。個々の部隊ではなく総司令部の全体方針を記した文書が公開されることになったのです。これらの文書は、より広い視野でどのように戦争が進展したかを物語るでしょうから重要です。いわば国家の方針がさらけ出されることになるからです。個々の軍隊の文書をいくら取り上げても、私たちが知ることができるのは、枝葉末節の区域で戦闘がどのように行われたのか、だけです。どこでどのような計画が作成され、どのように実行に移されたのかという高度なレベルの文書は、ようやく、解禁され始めたばかりなのです」

彼女は、ひとつのファイルボックスを棚から抜き取ると、こう続けた。

「具体的に言いましょう。ここにあるのはソビエト軍の指揮官だったジューコフによる『ハルハ河における戦闘経過と結果についての考察』というモスクワへの最終報告書です。この文書は、今月、今月ですよ、解禁承認委員会が極秘解除を決定したばかりのものです。また、例えばこれ。日本軍兵士・カズマル曹長の戦場日記です。この日記も極秘指定でしたが、少し前に解禁されました」

カズマル曹長の日記と彼女が示す文書は、日本語ではなくロシア語で書かれたものだった。ソビエト側は、一兵士の遺した日記ですら、貴重な情報として内容を翻訳して解読し、前線指揮官あるいは軍中枢の共通理解事項として、作戦検討の分析資料としていた痕跡がうかがわれる。ソビエト軍の貪欲さ、周到さを目の前に突きつけられたような思いがした。

ワシリーエヴナ館長は、これら文書の公開に積極的である。逆に、今まで、十分な文書調査を公文書館内で進展できなかったことが不本意だと言う。

「これらの文書は、国外はもとより国内においてすら研究されて来なかったものです。研究は今から始まるといってもいい状態です。歴史を研究する人は、戦前の出来事と現在の出来事

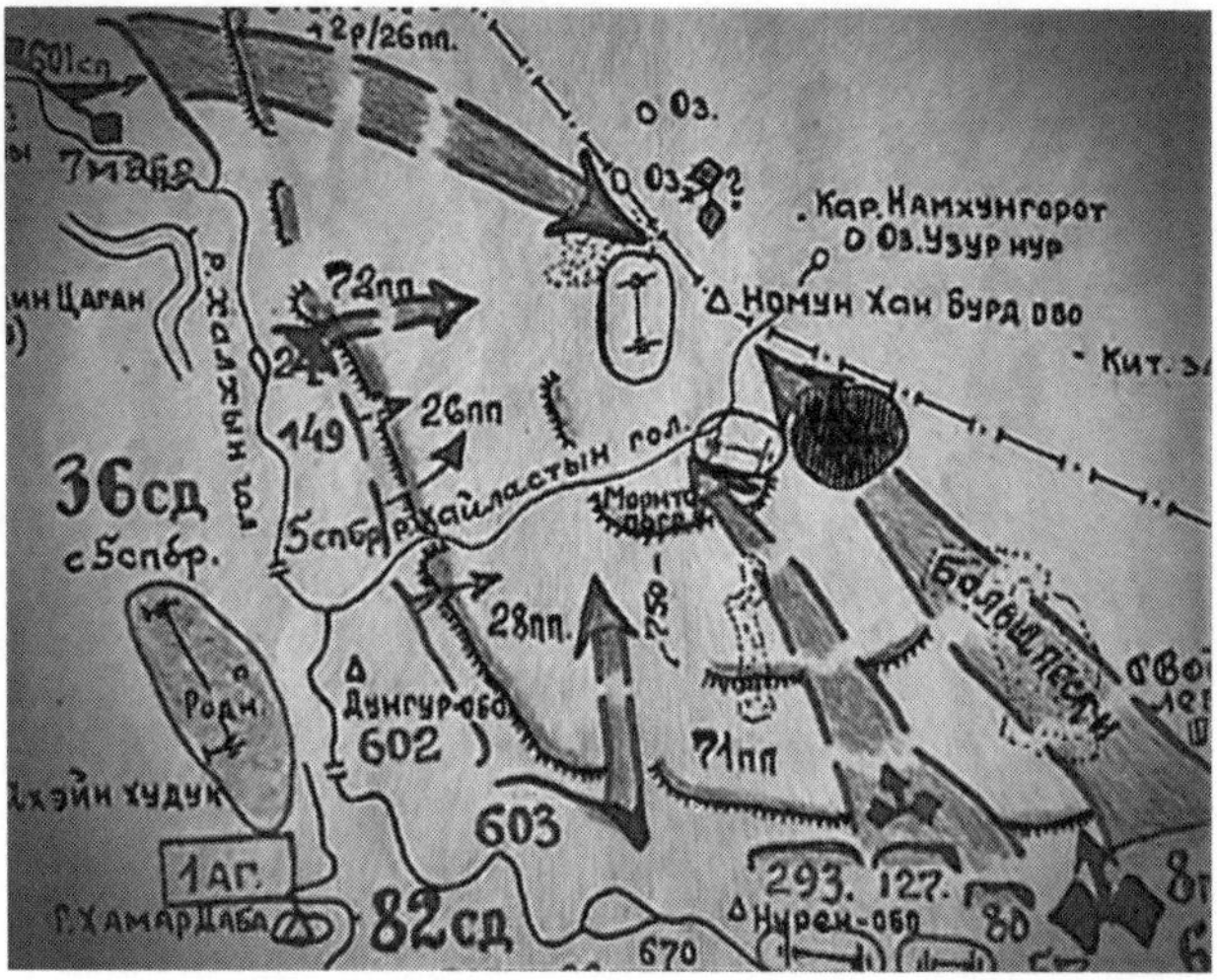

ソ連軍攻撃作戦地図（出典：ロシア軍事史公文書館）

との間に共通点があると見ています。だからこそ、これらの文書は価値を持つのだと思います。まだ、我が国ではハルハ河戦争に関する基本的文献集というのはひとつも出版されていません。個々の研究者が本を著していますが、全体を俯瞰したものはまだないのです。ですから、私たちは文書集の出版に万全を期して協力したいと考えているのです」

　私たちは謝辞もそこそこに、さっそく公文書館の一室をあてがわれ、学芸員たちがこちらのリクエストに従って書庫から運んでくる文書に当たることにした。

　一八八七項目あるリストから、断腸の思いでごく少数の文書に絞り込んでおいたのだが、それでも、私たちの机は瞬く間に文書の山脈と化した。

日本語で書かれた資料だったとしても到底一〇日間では読みこなせない量であるにもかかわらず、学芸員の話では、まだこれでもリクエストの半分にも満たないという。ロシア語文書を独力で読み通すことのできる稲葉先生に大半の文書をお任せし、私とイーゴリは、日本軍捕虜に関する文書ファイルをひもとくことにした。

日本・満州国軍の兵士に関するファイルはリスト上に挙げられた項目（タイトル）だけで、一五六ある（巻末資料参照）。捕虜名簿と捕虜に対する尋問調書、戦場で回収された戦死日本兵の遺書や日記がその大半を占めていた。

捕虜名簿は、今回の取材では二種類発見することができた。

文書番号3211３－１－２９４には、日本人兵士五五名、モンゴル民族と思われる満州国軍兵士四〇名の名前が記されている。捕虜交換のために準備された名簿らしく、手書きで「返すべきは八九名」とのメモがある。つまり、この名簿の兵士九五名のうち、六名は捕虜交換後もソビエト側に抑留された可能性がある。

もうひとつは、文書番号３７９７７－１－６３。ここには、七一名の捕虜の名前が報告されている。文書に付されたメモによれば、ここに記載された捕虜は、日本人以外の満州国兵士を含め五月から七月までに確認された者であるという。前述の捕虜名簿とは、数も名前も一致しない。これらの名簿のみからは、いったい何人の捕虜がいたのかを正確につかむことは困難だ。

また、捕虜の姓名はすべてロシア語表記され、名前を音としてロシア語に写し取っているため、例えば「ヒッジ」（ヒグチ？）「コワノ」（カワノ？）などといった誤りも含まれており、捕虜となった兵士を探し当てるのは相当難航することが予想される。

あるファイル冊子に束ねられた尋問調書によれば、捕虜の数は一〇三。尋問は捕虜によって一〇枚に及ぶものもあれば、わずか三行に満たないものもある。

残念だったのは、期待して出してみた戦死日本兵の遺書と日記がまとめられていたファイルを開いたときだった。

戦場で回収されたときは、当然のことながら日本語であったはずの遺書や日記が、すべてロシア語に翻訳されたものしか残されていない。ファイルをひっくり返して、翻訳前の日本語による元の遺書や日記が挟まっていないか探したが、ついに一枚も発見することができなかった。想像するに、これらの遺書・日記類は、戦後、日本軍に返すべき「遺品」としての価値を、ソビエト軍はまったく考えていなかったに相違ない。これらは、単に「情報」として扱われたに過ぎなかった。したがって、翻訳されてしまえば、もはやそこに価値はない。原本は躊躇なく捨て去られたことだろう。最後の瞬間、数ある日本語の中から絞り出されただろう言葉は、ロシア語に「意味」として置き換えられ、私たちはそれをまた再翻訳することによってしか、今、兵士たちの思いに接することができなくなっている。

こんな遺書がある。

遺書　父・アリトシより息子・オサボウへ

一、お国のために死ぬことは恐ろしいことではないと覚えておきなさい。祖国の息子たちは、ほとんどが戦争で殺された父親を持つ子供たちなのだ。

二、心をひとつにしてお国のために戦ってくれ。世のためにまじめに働きなさい。

三、母さんの手助けをしてくれ。母さんがお前よりも弱いということをどんなときにも忘れてはならないよ。母さんをいつも気遣ってあげなさい。

四、心身を鍛え、母さんの面倒をしっかり見てくれ。どうかこの遺言どおりに生きてくれ。

五、父親が死んだことを悲しむな。心はいつもお前と一緒なのだ。

（ロシア軍事史公文書館　文書番号３２１１３－１－４－１６１）

文書の原文はロシア語である。

この遺書の最後に「アリトシ」の署名があり、一九三九年七月一七日の日付があったことが記されている。脇には、この遺書を戦場で拾ったソビエト軍兵士の情報によるのだろう。こんな注釈も加えられている。

「この遺書は戦死した兵士のポケットから発見された。封筒には『死後開封のこと』と書いであった。住所記載なし。しかし、封筒には『息子・オサボウに』と記されていた」

私たちは「アリトシ」とは誰なのかを突きとめることができない。そして、まだ年端もいかない息子が「オサ（坊）」と呼ばれているのだろうかと、想像をたくましくするだけである。

このような遺書は枚挙にいとまがない。死んでいった兵士の「死者の声」を、私は今、こんな形で受け取ることしかできないのである。これが、戦争の現実である。

私は、イーゴリが一行ずつ翻訳してくれる捕虜尋問調書を取材ノートに書き取る作業に没頭した。これら捕虜に関する文書の取材結果は第七章に詳述したいと思う。


「ありましたよ。これによって、ソビエト側の被害はおよそ見当がつくのではないでしょうか」

稲葉先生が手にかざす文書は、罫線で仕切られた表のようなものだった。

「これによればソビエト側も相当深刻なダメージを受けているようですね。機械化部隊の投入によって一方的に日本側が壊滅したというイメージだけでは、どうやらこの戦争は捉えきれそうもありませんね」

彼が見出した文書は二種類あった。

ひとつは、「一九三九年五月から八月までのソビエト第一軍の負傷者リスト」（文書番号32113‐672‐477）である。五月から八月までの上級指揮官から一般兵士ごとの負傷者数とともに、致命的な重傷を負って、その後、医療機関で死亡した兵士の数も記入されている。その合計は一万五二六八人に達していた。

他方、「戦闘における第一軍の損害調査報告書」（文書番号33987－1207－53～54）によれば、五月一九日から八月三〇日までの戦闘におけるソビエト軍が被った損害は以下のようになる。

戦死　二四一三
負傷　一万〇〇二〇
行方不明　八一〇
総損耗数　一万三二四三

このほかにも、ファイルの中にはまだ、いくつもソビエト軍の損耗総数を計上した文書があり、そのひとつをとれば、これらの数値をはるかに上回る（戦死・七九七四　負傷・一万五九五二　全損失・二万三九二六）数字もあがっている。

数字は、文書をどこまで突き合わせていっても一致しない。誤差と呼ぶにはあまりにも大きすぎる数字であり、最終的に正確な数字を明らかにすることはできなかった。しかしながら、調査した文書の最小値を採用したとしても、実に一万三〇〇〇を優に超えるソビエト軍兵士が傷つき倒れたことになる。

これは、ソビエト側も大きな犠牲を出して、この戦争を戦ったことを物語っている。圧倒的に優勢な機械化部隊によって最小限の犠牲に留めた大勝利ではなく、文字通り、総力戦の様相を示す数字である。

だからといって、これが日本とソビエトの「痛み分け」であった、という印象にはならない。日本もよく戦った、というゲーム感覚で済まされる問題でもない。

裏を返せば、それだけの人間を、日本側も傷つけ殺した、ということである。

これが「事件」ではなく、大量殺戮の「戦争」であったことが、ここからも明らかになる。

これだけの戦争は、どのような状況で始まり、推移していったのだろうか。

次章からは、極秘文書を軸に証言も交えて「ノモンハン事件」の実相を追ってゆきたい。

第四章　開戦　「五ドルの価値」もない戦場

犠牲の不快な性格。
自分に見えないなにものかのために死んでゆく人物。

――アルベール・カミュ
（『反抗の論理』より）

「こう、行ってみてですね。何でこういうところでね、土地を取った取られたといって戦争しなきゃならんのか、と。それだけの価値がはたしてある所かどうか、私たちはまあ、不思議に思いましたですね。ソ連が入ってきたから追っ払わなくちゃならないっていうけど、そこのところがね。だって、何もない所でしょ、何のためにこれ取り合ってるのかと感じるくらい何もない所ですから。あるのはもう一面の原っぱで。それがなぜもう戦争にまで発展しちゃうのかなって思って……」

これは「ノモンハン事件」に参戦した野戦重砲兵第七連隊曹長・井深錠夫氏が私たちに語った、戦場に到着した直後の思いである。

彼は、戦闘勃発後の六月、埼玉県の秩父で赤紙召集され、朝鮮・釜山港を経由して満州国・ハイラルへ移動。三日三晩を車中で過ごし、その途中ではじめて「ノモンハン事件」への参戦を告げられたという。どのような要塞や重要拠点があるのかと思ったが、ハイラルから何時間走っても民家一軒ない、牛や馬、羊の大群が通り過ぎるだけのだだっぴろい草原。わずかな動物の足跡を頼りに移動したという。やがてソビエトの重砲の弾が頭上をかすめるようになり、ほんとに戦地に来たのだな、と実感した。そこで、はじめに紹介したような述懐となるわけである。

井深錠夫

「なんという荒野原だ。こんな土地に五ドルだって払うつもりはないね」

これは、GHQの作戦アナリストを務めたアルヴィン・クックス氏が、「ノモンハン事件」を調査する過程で聞きつけたという、戦場取材に派遣された外国人特派員のつぶやきである。

参戦した兵士にしても、取材のために足を踏み入れた記者にしても、ハルハ河一帯が、何のためにお互い傷つけあって取りあうのかわからない戦場であったことは確かだ。

その場所の従来の主人たるモンゴルの遊牧民たちは、可動式テント住宅(ゲル)で移動をくりかえしていた。そもそも土地は皆のものであり、誰か個人が所有するといった私有地の概念に拘泥しない人々である。彼らの貴重な財産である羊や馬を、草があるところで食わせ、水のあるところで飲ませてきたに過ぎない。日本の九州ほどの広さをもつ戦場となった場所は、彼らにとっては、ハルハ河の豊かな水と見渡す限りの草原が続く大切な放牧地であった。以前から、ハルハ河の水をめぐる同族同士のいさかいはあったという。しかし、それはモンゴル人によれば「友達の喧嘩、兄弟の喧嘩のようなもの」で、武器でお互いを殺しあう戦争になるようなものではなかった。河は、そもそも土地を隔てる境界ではなく、むしろ、その水の恵みを求める遊牧民の生活圏のいちばん真ん中にあったものである。

ところが、農耕民はそうは考えない。

河は、向こうの土地とこちらの土地を分断する重要な境界線であり、開拓された耕作地もなく、鉄道や港湾など人工的に価値を付加した施設もなく、人が定住すらしていない土地などは、二束三文であると考える。あるいは、豊富な地下資源を産む経済価値がありそうな場所でない限り、重要な土地だとは考えない。

日本やアメリカからこの土地を訪れた者が最初に抱く感想に無理はない。つまり、農耕文化の中で生きてきた一生活者にしてみれば、これは「五ドルだって払う」価値のない土地なのである。

ひとりの遊牧民にしてみれば、誰がいてもよい土地であり、ひとりの農耕民にしてみれば、眼の色変えて奪わねばならない土地でもない。しかし、同族部族間のゆるやかな縄張り・区境でしかなかったこの場所に、突如「国境」という概念がもたらされた。ソビエトが後ろ盾となるモンゴル人民共和国と日本が支配する満州国が独立国家として立ち上がったためである。「国家」という力学が働いたとき、この場所は、本来の「生活者にとっての大地」という意味を失い、譲ることのできない土地へと、その性格を変えてしまったのである。

一九三九年五月一一日未明。戦闘は勃発した。簡単に経過をたどっておこう。

事のはじまりは、ハルハ河東岸における国境警備に当たっていたモンゴル人民共和国軍と満州国軍による小規模な武力衝突であったとされる。

当時、モンゴル側からすれば、満州国との国境線はハルハ河より東方に最大二〇キロ入った草原上にあり、一方、満州国側からすれば、ハルハ河そのものが国境線だと考えていた。

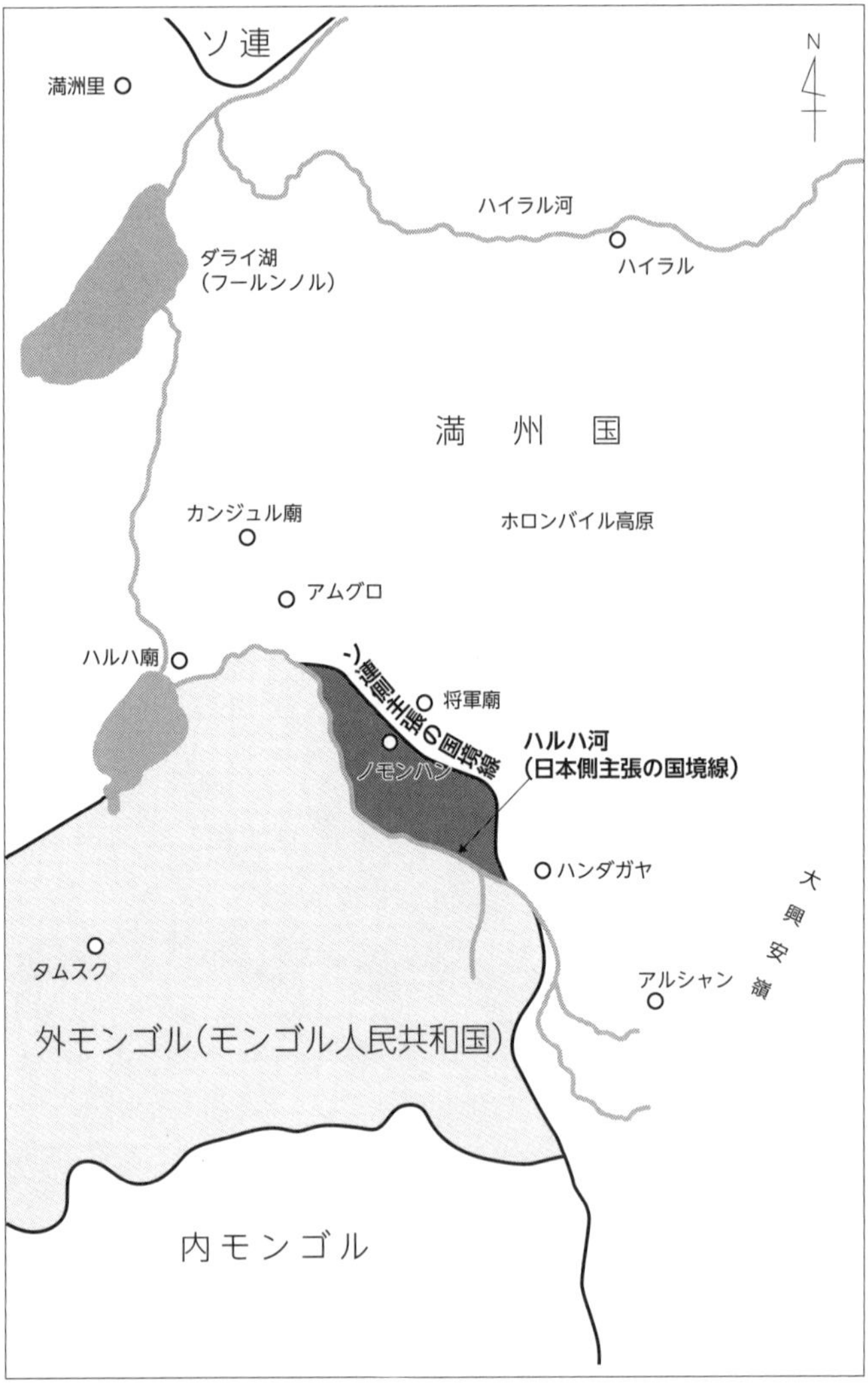
ソ連
満洲里
N
ハイラル河
ハイラル
ダライ湖
（フールンノル）
満　州　国
カンジュル廟
ホロンバイル高原
アムグロ
ハルハ廟
ソ連側主張の国境線
将軍廟
ハルハ河
（日本側主張の国境線）
ノモンハン
ハンダガヤ
大興安嶺
タムスク
アルシャン
外モンゴル（モンゴル人民共和国）
内モンゴル

どちらが国境線として妥当かという議論はここでは意味がない。

何の目印もない草原に国境線を引くこと自体おかしく、誰の目から見ても明らかな河を国境線とする方が理にかなう、というもっともらしい主張を掲げる日本側資料が数多くある。しかし、これは海洋という明確な境界を国境としてきた日本の島国的な特殊事情を、それとはまったく異なる文化や歴史的背景のある土地に単純に当てはめようとしているに過ぎない。

ともあれ、ここには、お互いに外交交渉を重ねて合意に達した国境線というものはそもそも存在しなかった。国際的取り決めのない曖昧な「グレーゾーン」だったわけである。

モンゴル側にしてみればハルハ河東岸に渡ろうが、それは自国内の出来事である。しかし、満州国側にしてみれば、それは明らかな国境侵犯となってしまう。どちら側の見方に従うかによって「侵略者」は一八〇度変わってしまうのである。

そもそも満州国にとっての最初の「侵略者」が、武器を携帯したモンゴル国境警備隊であったかも定かではない。

この事件を調査したアメリカ在東京駐在武官室の結論によれば、ハルハ河東岸で開かれる「伝統的な春の交易市」に向かおうとしていたモンゴル側遊牧民の移動を、満州国側が越境行為とみなしたところにあったといい、また、別の資料によれば、モンゴル騎馬隊兵士が自分たちの馬にハルハ河東岸で草を食べさせていたに過ぎなかった、との報告もある。

最初に引き金を引いたのがどちらであったかも、この手の国境事件ではいつも起こることだが、それぞれの主張は食い違う。

問題は、それぞれの国境警備隊が、それぞれの信じる国境線を侵犯した相手を「侵略者」とみなし、武力による現場での解決をはかったことにある。

戦闘開始の報は、ただちにそれぞれの国に駐留する大国の軍隊――日本軍とソビエト軍――に伝えられた。

関東軍（満州国に駐留していた日本軍）第二三師団（ハルハ河地区を担当正面としていた師団）は、小松原道太郎師団長の号令のもと、武力衝突発生二日後の五月一三日から一五日にかけて、捜索隊を中心とした部隊を現場に急派、モンゴル軍を撃退し、これをハルハ河西岸まで退却させた。小松原師団長は、ここで、当初の目的は達成されたと判断し、現場に警備のための満州国軍騎兵部隊をわずかに残したまま関東軍部隊をハイラルに引き揚げている。

ここで事がおさまれば、これはまだ「事件」と呼んでいい段階だったかもしれない。

しかし、この国境紛争に軍隊を送り込んできた日本に対して、ソビエト側も静観しているわけにはいかなくなった。関東軍出動にわずかに遅れ、戦場視察に急行したモンゴル駐留ソビエト軍の報告によれば、この時、関東軍の航空隊はハルハ河西岸のモンゴル側監視哨を目標とした爆撃を行ったとされる。つまり、関東軍は、自分たちが主張する国境線すら越えて踏み込んだ攻撃を仕掛けたことになるのである。

ソビエト軍の本格的参戦は、こうして始まった。

再び、係争地域で敵の「国境侵犯」が行われたとの報が届いたのは、一次攻撃を終えた関東軍がハイラルに帰還した直後のことだった。小松原師団長は捜索隊に歩兵第六四連隊を加え、総勢約一六〇〇名に及ぶ大がかりな部隊を編成し、再出撃する決断を下す。

しかし、現場に到着した彼らを待ち受けていたのは、今度はモンゴル軍だけではなかった。小松原師団長はじめ関東軍将校たちは、この紛争にソビエトが介入し始めたことはつかんでいたが、装甲車を配置した本格的なソビエト軍機械化部隊が現れるとは予測していなかった。

実は、首都ウランバートル駐留のソビエト軍司令部は、日本軍捜索隊が第一次攻撃を終えて帰還したと見るや、直ちに機械化狙撃大隊へ出撃命令を下していたのである。

ロシア軍事史公文書館に、この第二次攻撃のために派遣されたある日本兵の日記が残されている。東八百蔵中佐率いる第二三師団捜索隊・マルタ（丸田？）伍長の日記である。文書としては例によって翻訳された後のロシア語のものしかなく、具体的な言葉のニュアンスは伝えることができないが、この時の戦場がどのようなものだったかをうかがい知ることができるので、概要を引用しておきたい。日記は、五月二一日一七時二〇分、出撃指令が下った瞬間から書き起こされている。

五月二五日　先頭の中隊が朝四時に作戦地域に入る。ノモンハンということでは、我々はやっと本日、（ハイラル）出発から四日目に到着した。山県隊（新たに投入された山県武光大佐率いる歩兵第六四連隊）の通信指揮官はすでに、敵の砲撃で重傷を負ったという。昼間は激しい暑さで、夜間は冷え込む。

五月二六日　朝から着弾観測を続ける。北方地区に敵の機械化部隊あり、戦車も準備されているとの報告を受ける。二一時。防衛体制の指示が出た。敵の航空機が北西方向上空で友軍対空砲火により炎上した。我々は対空戦で有利である。

五月二八日　ハルハ河方向に向かう。敵が占領しているハルハ河の向こう岸の高台から速射野砲の射撃が激しく、敵歩兵の新たな戦力の投入も行われている。我々は、援軍到着を待ちながら七時まで高地地区を確保したが、たえず敵の追撃・攻撃を受けた。我が軍主力は反撃に出たが、およそ三分で第一中隊は恐るべき損害を被り、将校・下級兵ともに戦死・負傷した。敵の（高台からの）砲撃によって我が軍の物資はバラバラになり、兵士の歯は砕かれ、腹は引き裂かれている。夜を待って敵を襲撃する作戦をたて、前線から後退したが、そこで我々はさらに大きな損害を被った。指揮官を失った第一中隊の兵士たちが無秩序に走り回り、そこらじゅうに無防備に身をさらしていたためである。

五月二九日　夜明けと同時に敵の砲撃が始まった。三回に及ぶ敵戦車・装甲車の突入を受けた。もはや我々はそれを止めることはできない。援軍主力はまだ来ない。

（ロシア軍事史公文書館　文書番号32113－1－294－55〜56）

日記の日付はここまでである。戦記によれば、ソビエト軍に完全包囲されていたマルタ伍長の所属する捜索隊は、午後七時、最後に生き残った兵士一九名と東八百蔵隊長による最後の「玉砕」的一斉突撃を行った。

モンゴル軍兵士の証言を抜粋すれば、その最後の瞬間は次のごとくだった。

敵は静かになった。そばに寄ってみると、敵は死んだ兵士の首の上に銃をすえて安定させ、巧みに撃ちまくっていたのだ。俘虜を尋問すると「この近くの戦場に、東というナラン・バ

クシ（日本のリーダー）がいる」と供述した。わたしは、捜索隊長東中佐を捕えようと、匍匐前進して近づいてみると、草原の中から頭が一つのぞいている。そうっと近づいて、上から飛びかかった。この太った日本人はとても強かった。しばらく取っ組みあったが、勝てない。それで拳銃を彼の腹に当てて、二回引き金を引いた。その日本人の手はゆるんでいった。

（モンゴル人民革命軍第六騎兵師団長・L・ダンダル氏の回想）

これらによって、五月に行われた日本・満州国軍による第二次攻撃は、地上戦において壊滅的な打撃を被っていることがわかる。

マルタ伍長の日記から読み取れるように、先陣を切っていた東捜索隊二二〇名は、ハルハ河東岸に達すると、対岸から猛烈な砲撃を食らった。壊滅を生んだ原因は、この予期せざる攻撃に応戦するための対戦車兵器が不足していたこともさることながら、それぞれの陣地の利が勝敗を分けたともいえる。

地形図でみる限り、ハルハ河の西岸（ソビエト・モンゴル側）と東岸（日本・満州国側）では、西岸の方が東岸より標高にして一〇〇メートル近く高かった。したがって、ソビエト軍は眼下に日本軍を見下ろし、見晴らしの良い高台から狙い撃ちすることができたのである。マルタ伍長の二八日の日記は、その状況を物語っている。

砲撃のすさまじさにより、先発捜索隊を後発部隊として支えようとした歩兵第六四連隊山県主力部隊の動きは止まり、先発捜索隊は孤立したままソビエト・モンゴル軍に完全包囲されてしまった。記録によれば、この戦いで、取り残された東捜索隊は、一三九名の死傷者を出し、その損耗率は六三パーセントに達している。

小松原師団長は、五月二八日には全出動部隊の撤収を図ろうとしたが、すでに陣形をズタズタにされ、広い範囲で兵士が無秩序に散らばっていたために、それも不可能だったという。

全軍撤収命令が下されたのはようやく五月三一日のことだった。

ソビエト側も撤退に入った日本・満州国軍を深追いせず、ここに、日本側でいうところの「第一次ノモンハン事件」はいったん終結するのである。

マルタ伍長の日記からは、ソビエト機械化部隊の予想外の出現により日本軍が大混乱に陥った様子が見てとれるが、それでは、一方のソビエト軍内部ではこの戦闘に際してどのような事態が起こっていたのだろうか。

これについても、ロシア軍事史公文書館の極秘文書が語ってくれる。

モスクワ時間五月二九日二二時二五分受信直接交信記録
前線より在モスクワ同志・ヴォロシロフ国防人民委員宛て
一九三九年五月三〇日現地時間一二時をもって戦況を報告する。

それ以前は混乱のきわみにあり、報告することは不可能である。
（ロシア軍事史公文書館　文書番号37977‐1‐37‐119）

突然の戦闘開始により、ソビエト軍も当初、相当の混乱状態であったことがわかる。

この電文を打ったのは、戦場に急遽派遣されたゲオルギー・K・ジューコフ（白ロシア軍管区副司令官）である。白ロシア（現ベラルーシ）はポーランドとの国境地帯であり、ソビエトの対ヨーロッパ戦略の要衝でもある地域だ。この非常に重要な拠点にいた副司令官を、スターリンは側近であった国防人民委員・ヴォロシロフの命令によってモスクワに召還し、火のついたアジア方面前線に送り込んだのである。

今回の取材ではじめて明らかになったのは、ジューコフ副司令官がモンゴルに派遣された正確な日付である。

従来の定説では、ジューコフ自身の著『ジューコフ元帥回想録』の記述を典拠として、モンゴルの前線基地に到着したのは六月五日とされてきた。

しかし、この度公開された極秘電文によれば、ジューコフが前線から電文を送っている日付は、五月二九日となっている。さらに、別の文書（「一九三九年六月一一日　ヴォロシロフ国防人民委員からスターリンへの報告書」文書番号33987‐3‐1263‐269～272）によれば、ヴォロシロフ自身の記述によって、五月二五日にジューコフをモンゴルに派遣したことが明記されているのである。

ここから引き出せる結論は、ジューコフの前線到着が、五月二五日から遅くとも二九日の間に行われていたという事実である。

この些細な日付のちがいは、実は、ソビエト側がこの国境紛争にどれだけの決意と見通しをもって臨んだかを探る上で、大きな意味をもつ。ジューコフは、いわゆる「第一次ノモンハン事件」が一応の終結を見た後の六月に、落ち着いた状況で前線の戦況分析を行った上で戦力の立て直しを図るために送り込まれたのではなく、まさに日本軍の東捜索隊が壊滅に向かう戦闘のクライマックスにはすでに現地にいたことになる。

ゲオルギー・ジューコフ元帥

モスクワは、まだ戦闘がどれくらい長期化するか予測できない状況下で切り札ともいえる軍人を送っていたのである。この戦闘が今後、大きな戦争に発展することを見抜き、重要視した上での、切迫した緊急の決断だったといっていい。
ジューコフに課せられた使命は、ヴォロシロフによれば、モスクワの再三による要請にもかかわらず五月一一日から開始された一連の戦闘状況について「モスクワが納得できるような報告ができなかった」現地駐在・フェクレンコ司令官に代わり、「出来事の真実を確定」することであった。しかし、戦火の真っ只中に飛び込んだジューコフは、司令官たちが前線から一三〇キロも後方に待機したまま、戦況をまったく把握していないことに愕然とし、自らの手で一日で情報収集を行う決意を打電したのである。

ジューコフは、この約束を守っている。

次なるジューコフの電文は、五月三〇日一三時に前線拠点から打電され、スターリン、ヴォロシロフの手に渡っている。

五月二八日・二九日の極めて非組織的な攻撃の結果、我が軍は、およそ次のような損失を被った。死者七一名、負傷者八〇名、行方不明者三三名。

本日五月三〇日においても、敵の航空機は絶え間ない空爆を行っている。

(ロシア軍事史公文書館　文書番号37977-1-37-109~115)

五月二八日から三〇日に至る詳細な戦闘状況の報告とともに、ジューコフはこの戦闘が「極めて非組織的」に行われた点を指摘し、早くも「損失と不満足な戦闘の原因」を分析し始めている。それは、彼によれば、日本軍の機動力と戦術をあなどった司令官の安易な指揮態度にあり、実際の戦闘を組織している大佐が通信手段ももたぬまま現地に入っていることにあった。加えて、ジューコフは地上戦では日本軍を駆逐したソビエト軍が、航空機において完全敗北を喫している事実を冷徹に見つめ、厳しく断罪している。

●我が航空隊敗北の原因

・イ一五型戦闘機とイ一六型戦闘機に連携作戦が見られないこと

・航空機の戦闘参加が小さな個別のグループによって行われており、しかも不用意な時間的間を生んでいること（連続攻撃になっていないこと）

・その結果、我が航空隊は日本軍航空隊によって殲滅された大きな損失を前にして、空軍司令部は判断停止・呆然自失状態に陥った

●敵の航空隊撃破の対策

・我が航空隊は規模の大きい戦闘機編成を組み、敵の九機編成の航空部隊を撃墜する

・地上軍殲滅の際も、地上軍と航空隊は緊密な連携を確保し、まず敵航空隊を撃破した後、地上軍殲滅に着手する

（前掲文書）

ジューコフの分析は、この戦いが五月の三週間余りの戦闘で終わるはずがないという確信に支えられていた。

この報告に対するモスクワの反応も、より慎重で、迅速だった。

ジューコフの報告電文を受け取った翌日、ヴォロシロフはスターリンに宛てて、ヨーロッパ戦線の防波堤部隊として配置していた白ロシアとキエフの航空部隊を大量にハルハ河戦線に移動させる具申を行っており（文書番号33987-3-1263-243~245）、ソビエト軍の総力をあげて、来るべき戦争に備える決断を下している。

ロシア軍事史公文書館の極秘文書から読み取れるのは、ソビエト側にとってもこの戦闘が慌しい混乱の中で始まったこと、しかし、ジューコフというカードを使ってその混乱をいち早く収拾し、分析する手を即座に打っていたこと、優勢だった局面（地上戦）に浮き足立つことなく失敗した点（航空戦）にむしろ分析の焦点を絞ったこと、この戦闘が大規模な戦争に発展する可能性を見極め、その準備を迅速に進めたこと、などである。

他方、日本軍はこの戦闘をどのように分析し、どのような指針を立てていたのだろうか。

ヴォロシロフがスターリンに航空戦力派兵の報告を行った五月三〇日同日、関東軍は、紛争処理方針と戦況分析の報告を、東京三宅坂の参謀本部に提出している。

一、軍は長期にわたり敵と対峙するがごとき状況に陥るを避け、主として航空部隊と地上部

隊の機動により、越境し来る敵に間歇的に大打撃を与うることを企図しあり
二、敵全般の状況ならびに「ノモンハン」付近の地理より判断して、敵はこの方面に更に甚だしく大なる地上兵力を使用するものとは判断しあらず
三、事件が全面的戦争に拡大する等のことは万無きものと信ずるも、彼我全般的の緊張はこの方面において小事件を惹起することなきを保し難し
（「関東軍ニ関スル機密作戦日誌抜粋　ノモンハン事件」大本営陸軍研究班、原文はカナ書旧字体）

少なくとも、この戦闘から得た教訓と今後に対する予測認識において、ソビエト軍と関東軍では正反対といっていい結論を導き出している。

東京の参謀本部の判断も「本事件は局地的には更に拡大し今後とも執拗なる攻撃を反復し来るべきも」「あるまで局地の状況にして拡大せざるものと判断す」（前掲書）であった。

関東軍司令部では参謀たちが、この五月の戦闘を「一勝一敗」の痛み分けと評価していたという。第一次攻撃の成功と第二次攻撃の地上部隊の撤退を指しているらしい。しかし、この言葉以上に、皆目歯が立たなかった地上戦に対する深刻な反省は生まれなかった。これも、成功した地上部隊には目もくれず、敗れた航空隊の強化と再編成に向けて即座に動き出したソビエトとは対照的である。

「一勝一敗」――この楽観主義がどこから生まれてくるのか、私にはわからない。

これでは、冒頭に証言を記した井深曹長の次のような述懐もむべなるかなである。

「関東軍というのは世界に冠たる関東軍であると。そう言いながら第二三師団はただの一回も戦争というのをやったことがないんですよね。だから、どのくらい関東軍には力があるのか、本当に戦争に強いのか、それをね、もう私の考えですけど、試してみたかったんじゃないかな、と。そういうふうに思うくらいですよ」

井深氏によれば、「ほんの火遊び」のつもりで始めた戦争が「家屋全焼」に至ったのが「ノモンハン事件」ではなかったか、という。かけがえのない、ひとつしかない自分の命を「お前の命はもう一銭五厘（召集令状の配達郵便料金）以下だ」と言われ、意味も不明なまま戦場で命をやりとりされる羽目になった一兵士の偽らざる心境だと思う。


しかしながら、いかに「火遊び」をするにしても、ハルハ河方面担当の一師団長が独断で軍隊を動かすことはできないはずである。

関東軍司令部という ブレーキ、東京の参謀本部という更なるストッパーが作動していれば、そもそも出撃はありえなかった。

もっともハルハ河流域に紛争の火種は以前から燻っていた。ここでは、「ノモンハン事件」勃発前にも、数百回に及ぶ頻度でモンゴル側と満州国側が小競り合いをくり返していたと報告されている。それならば、なぜこの時期に、今回に限って関東軍は出兵し大規模な戦闘に拡大してしまったのだろうか。その背景には、関東軍内部における重大な転機があったはずである。やがて私たちは、防衛庁防衛研究所図書館で、その鍵を握る文書に到達した。

満「ソ」國境紛争處理要綱――。

一九三九年四月二五日。すなわち「ノモンハン事件」の始まるわずか一六日前に示達（上位者から命令・通知を文書で下位者に示すこと）された関東軍の方針である。

この文書の中に、関東軍の一師団長が開戦に踏み切った根拠が示されていた。

国境線の明瞭なる地域においては、我より進んで彼を侵さざるごとく厳に自戒するとともに、彼の越境を認めたるときは、周到なる計画準備の下に十分なる兵力を用いこれをことごとく殲滅す。右目的を達成するため一時的に「ソ」領に進入し、又は「ソ」兵を満領内に誘致滞留せしむることを得

国境線明確ならざる地域においては、防衛司令官において自主的に国境線を認定して、これを第一線部隊に明示し、無用の紛争惹起を防止する

（以上抜粋、原文はカナ書旧字体）

一見、戦火拡大を抑制しているかのような文言だが、焦点は、敵を殲滅するためであれば一時的に国境侵犯を行っても構わないとし、さらに紛争地が「国境線明確ならざる地域」であれば、防衛司令官が「自主的に」（つまりは独断で）国境線を決め、前線部隊に「これが国境線なのだ」と宣言してもよい、としたところにある。

この要綱にしたがって、小松原師団長は防衛指揮官として「自主的に」国境線をハルハ河であると認定し、敵を「殲滅」するためにはその国境と定めたところの線を一時的に犯してもいい、と判断したのである。

この要綱を起草したのは、当時、関東軍司令部作戦参謀だった辻政信少佐だとされている。辻少佐は中国大陸における戦場経験が豊かだといわれ、一九三六年からの関東軍在勤によって満州国の情勢に精通しているとの評価を受けていた。性格も積極的かつ攻撃的で関東軍内部における発言力は大きかったという。

この強硬な要綱に対し、東京の参謀本部は戦線不拡大方針を確認しただけで、この具体的な危険因子を盛り込んだ文書に対する慎重な意思表示を正式に行うことはなかった。

つまり、「ノモンハン事件」は、軍上層部お墨付きの現場防衛司令官による独断専行のはじめてのケースであったということができるだろう。小松原師団長は、この要綱に忠実にしたがったに過ぎない。

辻少佐がここまで踏み込んだ要綱を作成した背景には、度重なる「グレーゾーン」における小競り合いが頻発していたためとも考えられる。泥沼化していた対中国戦線問題を抱え込んでいた関東軍は、「五ドルの価値」もない戦場の小競り合いなど、強硬な姿勢を示すことによる現場解決で、簡単に片付けたかった節が見られる。

井深氏が見抜いたように、「ノモンハン事件」は、この強硬な要綱をはじめて実戦に移す試みであったのかもしれない。しかし、この要綱に対する反省は、東捜索隊の甚大な犠牲をもってしても、ついぞ行われなかった。

まだ、無謀な戦争を拡大しない可能性、「ポイント・オブ・リターン」は、この時もあったのだと思う。

お互いに納得していない双方の主張が食い違う国境線を、外交努力によってひとつに決め、「侵犯」側がどちらなのか明確にできる合意を行っていれば、要綱がうたう「国境線明確ならざる地域」における「防衛司令官」による「自主的」な「国境線を認定」するとの条項は、その前提自体が崩れ、要綱そのものの存在意義が霧散消滅していたはずだった。

しかし、ソビエトもまた、国境問題を外交交渉によって解決する努力を放棄し、強硬な武力による対決の道を選択している。

その裏側にはいかなるソビエトの勝算があったのだろうか。

なぜ他国であるモンゴルに、強力な自国軍部隊を駐留させておくことができたのだろうか。

私たちは、ロシアを離れ、戦場となったモンゴルに飛んだ。

そこで見出したものは、ソビエトが「ノモンハン事件」に至るまでの間に、モンゴルを盾として十数年に及んで周到に築き上げた極東における対日本戦略の全貌だった。

第五章　粛清　「モンゴル要塞」の完成

【戦争】平和という作為の副産物。
政情の最大の脅威とは国際間の友好関係の期間のこと。

――アンブローズ・ビアス
（『悪魔の辞典』より）

羊の肉はどうも苦手である。

「小学校の時、クラスで一頭羊を飼っていてね。僕がその飼育係だったんだけど。そりゃ大変だったよ。町じゅうの八百屋から野菜の切れっぱしを拝んでもらってきたりしてさ、餌にしてたんだ。そうそう、その羊とはよく押し相撲もとったんだよ。すごい力でさ。本当に仲良かったんだけどね。それがね、卒業してから久しぶりに小学校を訪ねてみたら、その羊がいないんだよ。どっか肉屋に売られちゃったって言うんだよ。それ以来、羊肉ってダメでさぁ、不安だよ。モンゴルじゃ羊の肉ばっかりだって言うしね」

隣のシートに座るカメラマン桜井勝之は、そんな私の懸念を声を立てて笑い飛ばす。


一九九九年六月一八日二一時二五分、モスクワ国際空港を発ったモンゴル航空便は、私たちを乗せて、一路、首都・ウランバートルを目指して飛行中だ。到着は当地の朝になる予定だという。四月末から五月にかけて行われたロシア軍事史公文書館での調査は、名城大学・稲葉千晴助教授がモスクワ滞在を延長して取り組んでくださったおかげで、興味深い文書が揃った。日本に持ち帰ったロシア語文書のコピーを翻訳した中神美砂は、撮影までに許されたわずか一カ月の間に、ややこしい軍事専門用語を逐一調べ上げ、三〇〇枚を超えるリポートを書き上げた。私たち撮影クルーは、彼女の翻訳リポートをもとに、極秘文書の撮影をモスクワで三日間のうちに済ませてきたばかりである。公文書館館長の交代が明日行われるというきわどいタイミングだった。

今回のロケーションに録音担当として加わった鈴木彰浩には、桜井カメラマンと私が限られた時間に追いまくられて文書を接写している間、撮影済みの文書全ページを端からスチールカメラで写し撮る作業を依頼した。資料にするためだけの地味な仕事である。音で勝負するために来ている彼にとってはまったく余分な作業だが、彼はそれを黙々とこなした。そんな疲れも

桜井勝之(撮影)・筆者・鈴木彰浩(録音)

あってか、客室乗務員が運んできた毛布を被ってすでに就寝中だ。

撮影クルーといっても私たち三人のみ。私たちは今、六つの「眼」をもっている。それぞれの役割はあるが、誰かのひとつの「眼」が、ある対象を見逃さなかったとき、それが番組の「眼」になる。同じ船に乗り込んだ誰しもがディレクターであり、カメラマンであり、録音マンとなる。職務上の分業に意味はない。私たちはいつも、そのようにしてやってきた。


こうあらためて考えるのも、緊張があるためだ。私たちは、これから戦場となった国に足を踏み入れようとしているのである。

常に「ノモンハン事件」は、日本対ソビエトの構図で語られることが多かった。この文脈からは、そこで暮らしていたモンゴル人の顔は全く浮かんでこない。出征兵士の回想録を読んでも資料文献を読んでも、そこから喚起されるモンゴルの表情は、地形ないしは風俗でしかなく、具体的な人々の姿ではなかった。

あれから六〇年、モンゴルの人々はどんな思いを抱いて「ノモンハン事件」否「ハルハ河戦争」と向き合ってきたのだろう。ソビエト連邦が崩壊したことは、今、彼らにどんな思いを抱かせているだろう。かつて敵として戦った日本人の子や孫の世代に当たる私たちがカメラを向けたとき、彼らは何を感じるだろうか。


飛行機の高度がぐんぐん下がる。

窓外を見ると、一面、緑の絨毯を押し広げたような大地。大きくうねるその起伏にあわせて、草の波が濃淡に陰影をつけている。

モンゴルは、国土の八割が草地で覆われているのだという。これは、モンゴルがいかに乾燥しているかを示す数字だ。年間降水量は平均二〇〇ミリに過ぎないという記録もある。日本の国土の七割が森林地帯であり、多湿の国であるのと極めて対照的だ。

「モンゴルに初めて来た日本のお客さんには、僕はこう言うんですよ。モンゴルは一日で四季を体験できますよ、とね。暑い暑いといってTシャツで車に乗ったご婦人が山に近づいて雪が降り出したので風邪をひいたこともありました。気候も土地もめちゃくちゃなんですよ。ひろ〜いですよ、モンゴルは」

笑顔で私たち三人を出迎えてくれたのは、これからモンゴルの取材をともにするトゥムルバートル・デレグ氏。当時、ウランバートルにある「モンゴル・日本文化文学センター」の所長だった。とはいうものの、センターは自宅、所員は彼のみ。ひとりで「にっぽんニュース」という新聞を発行し、様々な場所に足を運んで配っているのだそうだ。川端康成、開高健、司馬遼太郎などの著作をモンゴル語に翻訳し紹介している文学者でもあるのだが、「きっとモンゴルでは日本大相撲のモンゴル放送解説者として知っている人の方が多いでしょう」と笑う。名前を日本語に直訳すれば「鉄雄」さん。「トゥムルバートル」とは「鉄の英雄」という意味になるそうだ。勇ましい名前である。

「ところが、しかし、ですよ」

と、彼は眉をひそめ、蚊の鳴くような声で、

「私は、モンゴルに二人しかいない、馬に乗れない男なんですよ」

まじめな顔をして、言う。これにには参った。撮影取材用のワンボックス・カーの車窓から流れる風景を撮影しようとしていた桜井の肩は笑いをこらえきれず小刻みに震えて止まらなくなり、私は私で手に力が入らず、取材ノートに文字を書くことができなくなった。

「合理的に。合理的に」

というのがトゥムルバートルの口癖である。取材ノートによれば、このウランバートルでの第一次ロケーションは、一九九九年六月一八日から二三日まで、わずか六日間しか行われていない。限られた時間、私は、とにかく映像を撮ろうと焦って闇雲にカメラを振り回すよりも、まずは我慢して取材に集中した方がよいと考えていた。

取材の主たる目的は、ハルハ河戦争におけるモンゴル側の生活被害（つまり一般国民がこの戦争によって受けた被害）、戦争体験者の聞き取り調査、今までほとんど存在が明らかにされていないモンゴル側資料や文書の発掘調査、さらにはソビエト連邦崩壊にともなってモンゴルがどのように自国の歴史の見直しを検討しているかを探ることにある。

取材中のトゥムルバートル通訳（右）

トゥムルバートルによれば、モンゴルでは取材において日本の三倍以上の時間的余裕が必要である。「約束の時間をすっぽかされるなんてザラですよ。朝飯を一緒にとりながら会おうと決めていた人と話ができたのは夜の宴会だったこともありましたからね」と言う。

「よほどの幸運が続かない限り、これらをすべて調べることはできませんよ。合理的に。合理的に……」

「いいんですよ。とにかくバラバラと上っ面だけ撫でて回ったとしても、結局滑ってしまって何もわからなかったってことになりますから。この中のひとつでもしっかりと底まで届けば大丈夫、ほかが回れなくても十分な収穫じゃないですか。むしろそういう方針で行きませんか」

笑ってそう答えると、トゥムルバートルはテカテカの赤い顔を崩して、「こんな人たち初めてです。今までの日本人もっとすごいプレッシャー、何でこれができないんだと何度も怒られました。どんなにモンゴルでは違うんだと言ってもね」と笑い転げる。再び私たちの撮影車は、皆の激しい振動で揺れた。

こうして、私たちの六つの「眼」に、新しい彼のふたつの「眼」が加わった。そして、「合理的に。合理的に」と二度くりかえすトゥムルバートルの口癖が、いつの時からか私たちの誰とも知れぬロケーションの合言葉になっていった。

ウランバートルでは、ぜひ最初に当たっておきたい資料があった。

ソビエト軍がモンゴルに常駐し、ハルハ河戦争に直ちに参戦する態勢を整えておくことができた根拠になる文書である。

ソビエトでの取材中、戦闘記録の数々を見ながら疑問だったのは、モンゴルでの国境紛争になぜソビエトが当然のことのように介入できたのだろうか、ということだった。その背景を探れば、当時、モンゴルが置かれていた位置が浮かび上がってくると考えられた。

ソビエト連邦共和国とモンゴル人民共和国の間における友好条約――。

これが目指すべき文書である。

一九三六年、ハルハ河戦争勃発の三年前に、両国で結ばれたこの条約に、謎を解く鍵があるにちがいない。当時、在日本モンゴル大使館に着任されていたフレルバートル大使、ジグジッド一等書記官が本国外務省と交渉を重ねてくださったおかげで、私たちは、その条約原本の特別閲覧と撮影の許可を得ていた。

モンゴル国外務省外交文書保管庫から取り出された条約ファイルの表紙には、一番上に「万国の労働者　団結せよ」という縦書きのモンゴル文字が躍る。表紙を繰ると、モンゴル語とロシア語双方の文字で書かれた条約全文が、数ページにわたって蠟で封印され綴じられていた。

モンゴル語の文字表記には二通りある。ひとつは古くから彼らが綴ってきた縦書きの伝統的な文字によるもの、もうひとつは横書きのロシア・キリル文字で表されるモンゴル語である。私たちからすればロシア語かと見紛うような後者の文字は、ソビエトの「ロシア文字化」プロセスの中で一九四〇年代末から急速に進められ、一九五〇年七月一日には正式な公文書用文字に決定されたものだ。したがって、高齢者を除きほとんどのモンゴル人は、民族固有の縦書きモンゴル文字を読むことができなくなっている。

我がトゥムルバートルも例外ではなく、条文内容を調べるに当たっては、ロシア語条文を読むしかない。彼は、モンゴルのエリート教育を受けたほとんどの学生がそうであったように、モスクワ大学に留学していた経験をもつ。

自国の文化と歴史を自国の文字で伝えることを断絶させられた人々。モンゴルが長い歳月、いかに民族として耐えがたい抑圧を味わってきたかが、ここからも垣間見える。

「この条文がソビエト軍駐留の根拠になっていたのではないでしょうか」

接写用に床に置かれた条約を、這いつくばって読んでいたトゥムルバートルが、指し示した箇所には、他の政治経済援助条項と並んで、次のような一文があった。

ソビエト連邦共和国とモンゴル人民共和国は、第三国からの軍事的脅威が発生した場合、互いに自国の軍隊を派遣させ、軍事支援を行うものとする

この友好条約は、「二国間安全保障条約」というべき性格を含むものだったということができる。当時、遊牧民伝統の騎馬隊が中心であったモンゴルの軍事力を考えれば、その戦闘能力をソビエトが期待していたとは考えにくい。「互いに」とは謳うものの、これは一方的に、モンゴルで何かあったらすぐさまソビエト軍を介入させる、というソビエト側の強い意思を表わしたものと考えられる。

この条約の締結年月日を見ると、一九三六年三月一二日とある。記録によれば、この直前三月一日、スターリンはアメリカ新聞協会『スクリプス・ハワード・ニュースペーパーズ』のインタビューを受けて、世界に向けて次のような公式声明を発表している。

「もし、日本がモンゴル人民共和国への攻撃に踏み切り、その独立を侵すようなことがあれば、我々はモンゴルを助けなければならない」

一一日後に調印されるこの条約を念頭においての発言だったといっていい。

国家間における安全保障上の取り決めは、いうまでもなく架空の未来を想定して結ばれるものではない。常に現状の危機意識を煽り「仮想敵」あるいはその当事国にとって邪魔な「敵国家」を具体的に想定することによって成立する現実は、数々の世界の歴史が教えている。「これから起こるかもしれないこと」に向けて準備しておくという生ぬるい性格のものではなく、「今、ここにある危機」を叩きのめすためのものなのだ。

ここにおける「第三国」が、「日本」とその支配下にある「満州国」を指していることは明白である。

つまり、この条文を当時の状況を考慮して読みかえるならば、「ソビエト連邦共和国は、日本・満州国からの軍事的脅威が発生した場合、モンゴル人民共和国に自国の軍隊を派遣し、軍事支援を行う」というのが真意に近い。スターリンの声明と寸分ちがわないものとなる。

それでは、この「軍事的脅威」「今、ここにある危機」はどのように認識されたのであろうか。ソビエトと日本が緊張を高めてゆく最初の契機となったのは、日本による大陸進出、とりわけ満州国建国であったと考える研究者は少なくない。

一九三一年九月一八日、関東軍は「満州事変」を起こし、その結果、日本はこれといった損害を被ることもなく「満州」(中国東北部)を支配下におさめた。翌年、清朝最後の皇帝・溥儀《ふぎ》を担ぎ、満州国建国を宣言。関東軍の勢力はソビエト国境四〇〇〇キロにわたってアムール河・ウスリー河・アルグン河沿岸にまで及び、ソビエト国境とモンゴル国境に堡塁地域を設けて、鉄道・道路などの施設を着々と敷設してゆく。「満州事変」から満州国建国に至る一連の動きにより、ソビエトと日本の勢力圏は直接、国境を接するようになっていた。

満州国建国の一九三二年三月。モスクワは次のような声明を発表している。

「日本軍部の上層部を代表する公の人物によって書かれた、日本のソ連攻撃計画及びソ連領占領計画を内容とする文書を我々は入手している」

この「文書」が何を指しているかは確定できないが、注目されるのは、当時ソビエト外務人民委員部が得ていた日本の機密電文である。それは、東京の参謀本部に宛てたモスクワ駐在武官・笠原幸雄中佐の暗号電報で、ソビエトはこう解読していた。

「遅かれ早かれ、日本は不可避的にソ連と衝突しなければならない。日ソ戦争が早く始まれば始まるほど、我々にとっては都合がいい」

電文はさらに、開戦を遅らせればそれだけソビエトが有利になると力説し、日本政府が対ソ戦争への速やかなる決定を下すよう要請している。

この状況認識下においては、満州国建国によって日本の「ソ連攻撃計画及びソ連領占領計画」がとうとう始まったのだ、とソビエトが受けとめても何ら不思議ではない。

以上は、ソビエト外務省に勤務していた経験を持ち、その特権ゆえにいまだ未公開の数々の文書を調査することができたボリス・スラヴィンスキー氏（ロシア極東問題研究者）が明かしてくれた機密文書に基づくものである。私たちが彼に行ったインタビューによれば、当時ソビエトが想定していた日本軍によるソビエト侵略のシナリオは、まず中国東北部（満州）、続いてモンゴルの占領に向かうと考えられていたという。

「有用な地下資源がないから獲る価値がないと考えるのは大きな誤りです。この土地の価値は、地政学上の価値です。地政学上の見地から述べれば、モンゴルは極めて重要な戦略的位置を占めているのです。ここに、ソビエト・モンゴル友好条約締結と同じ三月、当時の関東軍参謀長・板垣征四郎が駐中国大使・有田八郎に語った内容を記した文書があります。これは、日本側がモンゴルの位置をどう評価していたか具体的に表しています」

東アジアの地図を見る限り、最初に目につくのは外蒙古（モンゴル人民共和国）で、満州国と日本の影響力の観点から見ると極めて重要な位置を占めている。この地域は、シベリア横断鉄道がある点でことに重要である。シベリア横断鉄道は、ソビエトのヨーロッパ部と極東アジア部を結んでいる。だからもし、外蒙古と満州国、日本が結ぶことができたら、ソビエトの安全保障は大きな打撃を受けるにちがいない。関東軍は外蒙古に向けて勢力拡張を計画しており、すでに外蒙古人を内蒙古（中国側）に移住させることで懐柔しようとしている。

「統一国家である限り、すべての地域は相互に連携していなければなりません。ハバロフスクやウラジオストクに物資や兵器を供給するといっても空路では不可能です。鉄道が必要です。その意味ではシベリア横断鉄道は、ソビエトにとっての国家の生命線といってよい幹線なのです。これは日本からすれば、シベリア横断鉄道を切断すれば極東を完全に掌握できることを意味していました。モンゴルはこの生命線に極めて近い場所にありました。モンゴルはソビエトにとっての『盾』であり『要塞』でした。第一には、シベリア横断鉄道を守る『盾』であり、第二には日本軍がソビエト領土を攻撃しやすい場所に入れないようにするための『要塞』だったのです」

当時、スターリンは広大な国土を持つソビエトにおいて「ふたつの敵」を見据えていた。

ひとつは、極東における日本。もうひとつは、ヨーロッパにおけるドイツである。

ドイツでは、一九三三年、アドルフ・ヒトラーが政権を獲得。一党独裁を推し進め、徴兵制を復活、強力な再軍備に乗り出していた。ベルサイユ条約による「ヨーロッパの均衡による平和」は、一九三五年、このドイツの存在によって破棄されていた。

ソビエトにしてみれば、兵力を東と西に二分し、極東とヨーロッパで同時に敵を相手にする「二正面作戦」だけはどうしても避ける必要があった。

しかし、これは同時に当時の日本の課題でもあったはずである。日中戦争勃発以来、日本も泥沼化する中国との戦争に頭を抱えていた。ソビエトと中国を同時に相手とする「二正面作戦」は、日本も避けるべき立場にあった。

当然のことながら、日本はドイツと結んでソビエトを挟撃できる態勢（一九三六年一一月二五日「日独防共協定」成立）を整えようとし、ソビエトは中国の反日勢力と結んで日本を孤立させる戦略を考える。スラヴィンスキー氏によれば、ソビエトにとってモンゴルは、この中国との連携という側面においても重要だった。

「まさに、モンゴルを経由して中国の共産主義者への武器の供給が行われていました。もし、地図を見るならば、モンゴルを経由してひとつの大きな道が敷かれていることがわかります。ソビエトのウラン・ウデからウランバートル、そして中国甘粛省まで延びる道が。甘粛は特別な地域でした。毛沢東の中国共産党が置かれていたからです」

つまりモンゴルを奪われることは、ソビエトにとって、日本を挟みこむためのルートを分断されることにもつながるわけである。

日本に「すでに外蒙古人を内蒙古に移住させることで（モンゴルを）懐柔しようとしている」動きがあったことも興味深い。

同じく一九三六年、日本はこの計画を実行に移そうとしていた節がある。日本は満州国建設の過程で、同国内に「蒙政部」を設け、傀儡としてモンゴル民族の血統にある王子を据えた。中国興安省は満州国内のモンゴル人自治区とされ、内モンゴル（中国側）には、モンゴル民族の部族長である徳王による政権が立てられた。

徳王は、モンゴル民族が暮らす地域の中で、北は事実上ソビエトの衛星国家になり果て、東が満州国に組み込まれる中で、残る中国地区・西（内モンゴル）のみが大国の支配を脱した真の民族独立国家を樹立できるという夢を持っており、日本が敵対する中国国民党支配に激しく抵抗していた。

日本側は、この政権を利用し、モンゴル（外モンゴル）勢力をも「真の統一民族独立国家」という甘言によってこちら側にひきつけ、中国・ソビエトを牽制しようとする一石二鳥の効果を狙おうとした。徳王が、中国綏遠《すいえん》省を武力制圧し内モンゴル独立を達成しようと立ち上がった同年一一月、関東軍は徳王軍に軍資金を提供し、戦闘機・偵察機など一三機を参戦させている。

結局、中国国民党政府軍の反撃にあってこの計画は失敗したものの、モンゴルをめぐる日本とソビエトの駆け引きは、このように水面下では活発に行われていたのである。

いかに、両国にとって、モンゴルが重要な位置を占めていたかがわかる。駆け引きはいつ表面化するとも限らない。モンゴルと満州国の国境地帯は、その燻《くすぶ》り火《び》がいつ発火してもおかしくない状況にあった。

「ソビエト・モンゴル友好条約（ソ蒙相互援助条約）」締結の背景には、このような日ソ両国の緊迫した「今、ここにある危機」があったのである。

「しかしですよ、モンゴル側はなぜ、ソビエトとくっつかなきゃいけなくなったんですかね。そこのところがどうもよくわからないんだけど」

録音担当の鈴木彰浩が、条約ファイルを見ながらそうつぶやいた。

一九二一年七月。それまで中華民国とそれに続くロシア白軍（ソビエト革命の赤軍によって敗走しモンゴルで対赤軍基地をつくろうとした勢力）の圧制支配に苦しめられてきたモンゴルは、自らの政府を樹立し念願の独立を果たした。憲法を制定し、モンゴル人民共和国として成立したのは三年後、一九二四年のことである。この独立は、ソビエト赤軍の大きな軍事援助がもたらしたものであり、独立を推進したモンゴル革命人民党の戦略はソビエト共産党の指導によるものだった。以来、ソビエト連邦崩壊に至るまで、モンゴルは世界で二番目に成立した社会主義国家として、ソビエトの衛星国家として歩み続けてきたのである。

鈴木の言うとおり、確かにこの条約締結の一九三〇年代には、モンゴルは、少なくともほかに三つの「選択肢」を採れたはずである。

第一には、ソビエトの支配から脱した民族独立国家樹立。

第二・第三としては、同じ民族が暮らす中国や満州国の支配下に入るという「選択肢」。

トゥムルバートルによれば、モンゴルの歴史研究家の間では、連邦崩壊後に自由な歴史観や歴史解釈を提出できるようになった現在でも、ソビエトの衛星国家として独立した選択は誤りではなかった、とする見方が支配的だという。

「あの時、もしソビエトの力を借りて独立を果たしていなかったら、今、この『モンゴル国』(一九九二年「モンゴル人民共和国」から「モンゴル国」に国称変更)は存在していなかったというんです。満州国に組み込まれていたら日本敗戦と同時に大国による分割にさらされたかもしれない、中国の支配下に入ったままだったら大戦後いまだに中国の省に過ぎなかった、というわけです」

それでは、ソビエトの干渉を排した独立国家樹立という「選択肢」はどうだろう。

これも残念ながら「選択肢」にはなり得なかったというのが現実である。当時のモンゴルの人口は、およそ八〇万人。伝統的に遊牧生活を営む国民であり、軍事的な基盤を支える重工業も発達していない。道路や鉄道などのインフラストラクチャーや通信電信回線も不十分な社会だった。これでは、隣接する強大な軍事国家に力で制圧されるのは時間の問題で、その暴力に対抗するための平和外交を国際的に展開していたわけでもなかった。

むしろ状況からすれば逆に、この軍事国家としてのモンゴルの脆弱さに苛立ったのがソビエトである。このままでは簡単に日本軍に制圧されてしまう。

ソビエトの総力をあげてモンゴルを「強い衛星国家」にする必要が生じてくる。

一九二四年（モンゴル人民共和国成立の年）一一月一日。モンゴルに派遣されたソビエトの高官が、スターリンに宛てて次のように進言している政治局極秘文書がある。

「モンゴル人民革命党と青年同盟の行動能力が極めて弱体であることを確認する機会が幾度となくあった。もし人民革命党が組織化されなければ、我々は一歩も前に進むことができず、モンゴルで成果をあげることはできない。モンゴルにソビエト共産党の活動家をさらに送り込むことが、ここに新しい世界を構築するための絶対条件である」（文書番号1347－4C）

スターリンもこのモンゴルの状態を漫然と見ていたわけではなかった。

一九三二年一一月一日「全ソ連共産党中央委員会政治局会議議事録」（特別議事録九九）によれば、スターリンはここで農業・畜産・国家予算・金融・輸送施設・貿易・通信・教育という極めて広範なモンゴル内政に関する指示を出し、軍事援助（武器輸出）を積極的に推進している。

スターリンは、モンゴルの「ソビエト化」を着々と進行させていたのである。

モンゴル人民共和国ゲンデン首相

独立国家とはとても思えないような激しい内政干渉を、モンゴルの指導者たちは喜んで受け入れていたのであろうか。それが私には、大きな疑問として残った。

遊牧生活の中で文化を育んできた民族に対し、スターリンが突きつけているのは、それとは全く相容れないものである。コルホーズの強制による土地への縛りつけをはじめ、人々の心の拠り所であったラマ教(モンゴルの仏教)信仰の禁止など、モンゴル人にとってのあるべき国家建設を考えていたとは到底思えない「指導」の羅列である。

取材の関心は、「ソビエト・モンゴル友好条約(ソ蒙相互援助条約)」に、時のモンゴル首相として署名している人物に向かった。彼は、どのような思いで、このソビエト軍駐留まで認めることになるだろう条約に自分の名を記したのであろうか。

首相の名は、ゲンデン、という。

この人物に興味を引かれたのは、彼が一九三六年三月一二日の条約署名直後、三月二二日まで開かれた人民革命党中央委員会でモンゴル人民共和国首相の座を解任された事実を知ったからである。これは、スターリンによる政治生命抹殺処分だったといっていい。スターリンにとって、ゲンデン首相は、署名さえしてくれれば用済みにすべき「意に沿わない分子」だった可能性が高い。

私たちは、この解任劇の実際の様子を記した議事録を調べるべく、モンゴル人民革命党本部にアプローチを開始した。しかし、残念ながらその扉は固く閉ざされたままで、取材許可はとうとう下りなかった。半ばあきらめかけていたところに、トゥムルバートルが朗報を運んできた。

「元人民革命党員だった男を探し出しました。電話での話によれば、彼は本部にいたときに、大量の極秘文書を写しておいたらしく、今、自宅にその写しを持っているといいます。何でもスターリンとゲンデンの会談記録もあるらしいですよ。行ってみますか？」

桜井がカメラをわしづかみにして立ち上がった。

「これが電話でお話しした会談記録ですよ。スターリンとゲンデンがモンゴルをめぐってどういう会話を交わしたかが記されています」

老人は、そう言って一束の包みを取り出した。ページ数三四に及ぶその議事録は、惹きつけられるほど絵画的で流麗な縦書きのモンゴル文字でびっしり埋められていた。会議の日付は、一九三四年一一月一五日となっている。

「ゲンデンは私の知る限り、二回、スターリンと直接会って話をしています。一回は、一九三六年三月の条約調印前、そしてもう一回がこの議事録に書かれた日付の前後です。実は、一九三六年の条約調印はまったく形式的なもので、その大筋は一九三四年、つまりこの議事録の会談のときに決まっていたのです」

ゲンデン首相は、一九三四年一〇月二一日から一二月二日までモスクワを訪問し、スターリンと秘密会談を重ねた。

記録によれば、ソビエトはこの会談期間中にモンゴルの借款を帳消しにし、ソビエト共産党スタッフをモンゴルに大量派遣することを提言している。中でもとりわけ重要なのは、ここですでに、第三国の脅威が両国いずれかに発生した場合は相互に軍隊を派遣し援助する、という「口頭条約」が結ばれている点にある。この約束は、条約文書として書かれたり発表されたりすることはなかった。当時、ソビエトはまだ対外上、モンゴルを中国の属州とみなすという外交政策をとっていたためである。中国はじめ極東隣接国に対して相互不可侵の交渉を進め、安全猶予を得ようとしていたソビエトの表向きの政策である。その水面下でスターリンが何を考えていたかを、この議事録は率直に伝えている。

スターリン　モンゴル国家にとって第一の問題は、人心を集める僧侶の存在が現政府と革命党の指導力を脅かしていることである。モンゴルでは、教育・医療の多くを寺に依存している。また資産や家畜も布施として寺に集中する。人々の関心は寺に向かい、僧侶が大きな影響力を持つことになる。国内に僧侶たちの権威と政治権力がふたつ存在することがあってはならないだろうと考える。私が提案する国内政策・軍事力強化を粛々と進めていただきたい。そうすればゲンデン政権は、僧侶勢力よりはるかに強い力を持つに至るだろう。

ゲンデン　僧侶の問題は大変複雑な問題である。政府の指導力を高めるのに。あなたに名案があるというのなら是非、ご教示願いたい。

スターリン　まずは、青少年に徹底的に革命思想を叩き込むことである。さらに、地位が高い尊敬を集める僧侶を何らかの刑事事件で起訴する機会を見計らうべきである。これは国民の前で行うことが肝要である。国民には、彼らが国民に対する敵で、国家に対する反逆行為を行った裏切り者であるという強い印象を植え付けたうえて公開裁判にかける必要がある。

（モンゴル人民革命党文書「スターリン・ゲンデン会談議事録」）

スターリンによる粛清教唆である。その対象はこの段階では、ソビエト・イデオロギーよりも依然確固たる権威を保つモンゴル仏教の僧侶（ラマ僧侶）に向けられている。

さらに興味深いのは、過度のモンゴル国内政治干渉「指導」を滔々とまくし立てるスターリンに向かってゲンデンが食い下がり、次のような質問を発している箇所である。

ゲンデン　ひとつ聞いておきたい。
あなたは、わがモンゴル民族の独立という問題をどのように考えておられるのか。

スターリン　貴国の独立を認めているのはわが国だけである、とまず言っておこう。
やがて貴国が中国より独立したことを完全に宣言する必要があるだろう。その効果は計り知れない。モンゴル民族がモンゴル人民共和国として独立したということを中国が認め広く知れ渡ったとき、それは、バルガ（満州国側に組み込まれたモンゴル人）や内モンゴル人を貴国に引きつける求心力となるだろう。（前掲文書）

スターリンは、ゲンデンを、なんとも厄介な質問をする男だと考えたに相違ない。実際にはまだ外交上認めてもいないモンゴル独立を承認しているかのような発言をし、その恩を着せ、満州国や中国西部（内モンゴル）のモンゴル人をとり込んだ形で、すなわちすべてのモンゴル人をソビエト支配下におければ民族独立ということだろう、と述べているのである。

やはり、モンゴル首脳部には、ゲンデンのような人物がおり、スターリンの指令「指導」をただ「喜んで受け入れて」いただけではなかった。

はたして、このゲンデンという人物に、より一層の興味が湧いた。

彼は、首相の座を追われたあと、どのような人生をたどったのだろう。

トゥムルバートルによれば、ゲンデンの娘が健在で、ウランバートルに住んでいるという。

私たちはさっそく、彼女に会って、ゲンデンの「その後」を調べることにした。

ゲンデン首相の娘
ツェレンドラム

ゲンデン旧宅は、ウランバートル一番のメインストリート・エンフタイヴァン（平和）大通り、外務省のいかめしい建物から少し奥に入った日本大使館の近くにある。

私たちがあたふたと到着すると、ゲンデンの娘・ツェレンドラムさんはすでに鮮やかな紫色の民族衣装に着替え済みで、にこやかに出迎えてくれた。

さっそく、ゲンデンの経歴をたずねる。

彼女が用意してくれた記録によれば、その人生はこうだ。

ゲンデンは一八九五年生まれ。少年時代は牧民として、馬車運送を手伝って過ごす。一九二一年の独立の際には、中国やロシア白軍兵士に対して牧民としての抵抗闘争を展開。二四年のモンゴル最初の国会に参加。三日後、国家小会議議長に選出される。二七年からはモンゴル国家銀行総裁を兼任。翌二八年、モンゴル人民革命党中央委員会書記官に就任、二九年の国家防衛委員を経て、三二年より首相（外相兼務）となっている。

ツェレンドラムさんの記す経歴書によれば、首相在任は一九三六年三月二〇日まで。その次の行から、彼の運命は大きく変転する。

一九三六年　四月　　ソビエト・クリミヤで軟禁拘束状態におかれる
同年　六月一四日　モンゴル首相宛ての最後の書簡をしためる
三七年一一月二六日　ソビエト連邦最高裁判所軍事協議会の決定により銃殺
罪状は「反革命運動を企てた日本のスパイ」

やはり、という思いにとらわれる。

ゲンデンはスターリンの手によって粛清されていたのだ。

ツェレンドラムさんの話によれば、父・ゲンデンがソビエトに連行されたとき、最初は家族も一緒についていったのだという。

「私は当時八歳でした。クリミヤにいる間、父はよく祖国に手紙を書いていました。『私たちを連れ戻してほしい。首相の座になど未練はない。子供が母国語（モンゴル語）を忘れそうなんだ』。そう書いてありました。ある日、外出先から父が帰ってくると、その後ろから何人もの男たちが家に入ってきました。父の顔色は土気色で『今、私はこの男たちに逮捕された。これから連行される』と言うのです。彼らは殺気立って、モンゴル語で話すなと叫びました。父は連行されてゆくとき、母にこう別れを告げました。『君たちは必ず祖国に帰りなさい。この子のことをよろしく頼む』。私は、母がその場で失神してしまったことを覚えています」

ツェレンドラムさんは、低い声で絞り出すように語る。母親と彼女はその後、パスポートを取り上げられ、着る物も奪われたような状態で故国に帰り着いた。凍死寸前の旅だったという。帰国後も、あの国家の敵・ゲンデンの娘だ、ということで学校でも激しい迫害・差別を受けた。

一九八九年、モンゴル人民共和国最高裁判所から突然の名誉回復の通知が届き、時のソビエト大統領・ゴルバチョフへの質問回答書により、彼女は初めて、父が銃殺されていたことを知った。この間、父と別れて実に五〇年以上の歳月が流れている。

——あなたが覚えているお父さんとはどんな方でしたか？

「八歳だった私によく言っていました。『貧乏人も同じ大切な人間だ。人々のためになる人物にならなければならない』。父は学校というものがなかった時代に育った人間でしたから、私にはよく本を読め、と言いました。非常にモンゴルを愛していまして、歴史や民俗の話をよくしてくれました。政治家の家としては珍しいことですけど、家にもしょっちゅう遊牧民が集まって来ていました」

——お父さんはどうしてスターリンと対立したと思われますか？

「私は、調べた結果、父がその当時、モンゴル国内で成し遂げようとした五つの政策のために迫害されたことがわかりました。
一、国民生活を監視するスパイともいえる内務省施設を増やさないこと
一、ソビエトの軍隊を駐留させないこと
一、ラマ僧を粛清しないこと
一、国民に自由経済を奨励し、富を蓄積するよう呼びかけたこと
一、その富から独力で国家予算を組もうとしたこと（税制を敷こうとしたこと）
今、考えてみれば当時の父の考え方には、現在の市場経済の発想があったのです」

これは、スターリンの掲げた「指導」に真っ向から対立する政策である。

ゲンデンは、反ソ反共主義者だったのだろうか。

「父はソビエトを尊敬していました。しかし、ソビエトだけの狭い国際関係ではなく、他の国々とも広く関係を持ちたかったようです。父は、ドイツとフランスにモンゴルの一五歳の子供たちを送り、ホームステイさせてその国の風俗習慣を学ばせていたりもしました。日本とも関係があったと思います」

ゲンデンは、真の意味で民族自決による独立を成し遂げたかったにちがいない。しかし、それは極東におけるソビエトの「盾」とはなり得ない性格のものである。国際的に対話を進め、自力で立ち上がれる経済力をつけることを考え、そのために国家計画経済ではない国民の独自の経済活動にその可能性を探っていた。

ツェレンドラムさんによれば、ゲンデンの母方の叔父は高僧だったそうである。この個人的理由によるだけではなく、モンゴル民族の精神的支柱であり続けたラマ僧を粛清することなど彼にはとてもできないことであったろう。

「しかし、首相である父の名のもとに殺された僧侶はたくさんいたのです。何の罪もない子供が、両親が仏教の熱心な信者だというだけの理由で殺されもしました。この問題を誰がとりあげるのでしょうか。その人々にどう償うべきですか？　私は、その人々の名前を父とともに永遠に残すべきではないかと考えました。この粛清という問題を、私がやらずして誰がやるのだろうかと思いました」

ゲンデン首相の旧宅は、それ以来「モンゴル粛清博物館」となった。館長はツェレンドラムさん。開館は一九九六年。私たちが取材で訪ねる三年前のことだった。

ハルハ河戦争「ノモンハン事件」が勃発する直前の数年間(一九三〇年代後半)。モンゴルにおける僧侶、政治犯とされた人々の粛清は酸鼻を極めた。

粛清博物館の展示は、彼らの遺書や粛清命令書、写真で埋め尽くされている。

入口を入ると一階のフロアには、おびただしい数の人の名前が内壁一面に書き込まれている。それぞれの人名の頭には赤・青・黄の三色のマークが付されていた。ツェレンドラムさんによれば、赤は軍人、青は民間人、黄は僧侶を示しているのだという。その数は、順に七二一、九八五二、一万七六一二人に及んでいる。傍らでは、導入されたパソコンデータが、ここに書ききれない人々の名前を次々とはじき出す。その人数を数え上げることはとてもできそうにない。ソビエトに連行されて殺された者、同じモンゴル人同士で殺しあった者。ゲンデンの粛清は、これらの凄まじい犠牲の序章に過ぎなかった。

こうした粛清はなぜ、起きたのか。

ソビエト国内でスターリンによる大量粛清が行われたことは周知の事実だが、モンゴルでこのような粛清が行われていたことは驚きだった。そこには、単に「スターリンだから」といって済まされるような問題ではない、底知れぬものが眠っているように思えた。

その夜はなかなか寝つくことができなかった。

トゥムルバートルの案内で厚さ三ミリの肉を出す「しゃぶしゃぶ」屋に連れていってもらい、この料理のルーツはチンギス・ハーンの軍隊遠征のときにあるのだとか、肉を鍋に浸すときの擬音が「シャブシャブシャブ」という感じだから日本ではこれを「しゃぶしゃぶ」というのだとか、そういったトゥムルバートルの講釈を聞いて随分気が晴れたように思ったのだったが、その後、彼と別れて投宿しているバヤンゴル・ホテルにたどり着くと、再び、今日見た粛清博物館の衝撃がこの身をジワリと締め上げてきた。誰ともなく（と書くと嘘になる。私が）誘って、私たち三人は、私の部屋でモンゴル・ウオッカ「アルヒ」を傾けることになった。

「あれって本当の『隠された戦争』のような気がするんだけど……」

カメラマンの桜井が、沈んだ声でそうつぶやく。

今日の取材中、私とトゥムルバートルが撮影交渉のため、桜井と鈴木の二人だけを博物館の二階に残したまま、一時的に現場を離れたことがあった。そのとき、誰もいなくなった展示室の写真に囲まれて泡立つような戦慄を感じたという。

「モンゴルにとっての戦争は、ノモンハンだけじゃないってことですね……」

録音の鈴木がそう言葉を継いだ。

確かにそうだ。ソビエトがこれだけ苛酷な粛清をモンゴルに強要したのも、一刻も早くモンゴルを「ソビエト化」したかったからにほかならない。その焦りを生んだ原因はどこにあるのかといえば、日本・満州国の脅威しか見当たるものがない。ソビエトがモンゴルと組んでハルハ河戦争を戦うとき、内部に不穏分子が存在したら軍は崩壊してしまうだろう。それを防ぐためには、完璧なまでにモンゴルを「ソビエト化」しておく必要がある。

それは並大抵のことではなかった。

粛清博物館の内壁の名前は、圧倒的に僧侶の数が多かった。

ソビエト共産主義とは相容れない独特の精神世界がこの国にはある。しかも、マルクスいうところの、資本主義を経過し最終段階で社会主義に到達する、という社会発展論もこの国では通用しない。そもそも資本主義の前提となる私有感覚に乏しい遊牧の民族である。段階を飛び越していきなり社会主義国家として独立することは、この理論上、はじめての「実験」であったといっていい。ソビエトにとってもこれは「冒険」だったにちがいない。

スターリンは、もっとも社会主義の理論的風土を持たないところに「ソビエト化」を推し進めようとしたのである。

苛立ちがあったにちがいない。

しかも、迫り来る極東の「脅威」を前にして、時間がない。

このような状況の中で、モンゴルの大量粛清は行われたといっていい。

「戦争の本当の犠牲者は、戦争が迫っていることを知らなかった人たちだったのかもしれないな」そう考えて、口にしてみた。

「それだよ。それでいこうよ。これが俺たちにとっての『ノモンハン事件』の見方になるんじゃないの?」今度は大きな声で桜井が言う。鈴木もうなずく。

自分の死の意味がまったくわからないまま命を絶たれてゆくことほど、恐ろしい刑罰はない。突然、嵐のように襲いかかった大量殺戮を前にして、モンゴルの人々は苦悩にのた打ち回ったことだろう。

この、隠された「戦争」について記した文書は、今まで入手したロシア側文書の中には見当たらない。モンゴルでどれだけの資料を発掘できるだろうか。限られた期間の中で、私たちはそこに到達することができるだろうか。

再び、夜は長く、寝つけないことになりそうだった。


「そうですね。モンゴルでは家族親戚に粛清された者、必ずひとりはいる、といわれています。でも、変なところに興味がありますね。この番組って、『ハルハ河戦争』でしょ?」

翌朝、トゥムルバートルに会って、ホテルのレストランで食事をとりながら前夜のいきさつを話すと、彼はそう言って笑みを浮かべた。

「そうなんだけれどもね。だからこそ調べてみたいわけです。昨日の粛清博物館の展示を見ると一九三〇年代、とくにその後半に粛清の数がガッとあがっていたでしょ。ハルハ河戦争とこれって、何らかの関係を持っているんじゃないかと思えるんですよね」

「では、どう動きましょうか、これから。合理的に、合理的に」

「そうですね。ちょっと考えたんですけど、ロシアでね、粛清について調べたとき、内務省やKGBがその粛清すべきリストや情報を流して実行しているわけですよ。モンゴルにも内務省ってあったんじゃないですか。そこに行けば、いろんな粛清に関係する資料が見られると思うんですよ。どうでしょうか」

トゥムルバートルは唸って、フォークをスクランブルエッグの皿に置いた。

「ちょっと時間ください。それってとても難しい。時間が必要です」

天井を見上げて「あれがこうなって、これがああなって。いやいや、これがこうだとあれがああなる」という風な格好で指差し確認を始めた彼を前に、私たち三人は顔を見合わせた。と、彼の大声で飛び上がった。

「ああっ。いけないいっ。こうしてはおれんです。早く行かなきゃ」

「どこへ行くんですか?」

「粛清の数の大きな、そう、お坊さんで誰か粛清された人の生き残りはいないかなあというような話をしてたでしょう、昨日。家に帰って見つけたんですよ。そういう人。ああっ。もう約束した時間になってる。まずいですよこれは。行きますか? 行きますか? ああっ」

本当に、この人はまったく何というか、ごまかしのない、嘘をつけない、良い人である。

ウランバートルの寺院は、粛清の時代に大部分が破壊され、現在は新しく再建されたものが多いと聞く。

一九四〇年代までにはことごとく廃仏され、運のよかったものは博物館として建物が使われた。そうした寺院の中で、命脈を絶たれずに残った名刹がある。ガンダン寺。正式にはガンダン・テグチンレンという名の寺院で、建立は一八三八年にさかのぼる。

広い敷地の一番奥まった場所に観音堂があり、高さ二六メートルに及ぶという巨大な観音像が私たちを見下ろしている。聞けば、この観音像は一九九六年に開眼した二代目のものなのだそうだ。初代観音像は一九三八年（粛清の嵐が吹き荒れた年であり、「ノモンハン事件」の前年にあたる）に破壊され、ソビエトに持ち去られたまま行方不明だという。「ソビエト化」政策の波をかぶり、寺院としての機能を長らく奪われて来たガンダン寺であったが、現在では宗教大学も併設され、モンゴル民族文化の再興運動の拠点になっている。

境内には、鳩に豆をやる子供たちや、それを恐らく永劫にとも思えるような時間の中で、身動きもせずじっと見つめている老人たちが点々としていた。その人々の間を鮮やかな衣を身にまとった僧侶たちがすりぬけてゆく。堂の前に置かれた茣蓙《ござ》や板に何度も何度も五体投地をくりかえす老婆もいる。こうした人々が、おそらく暗黒の時代、息をひそめながら地中深く根を張っていたのだろう。

モンゴルの仏教は「ラマ教」といわれる。西洋人や中国人が、チベット系統の仏教をこう呼んだ。「ラマ」とはチベット語で「上人」「師匠」の意味である。ダライ・ラマの名が想起されるが、彼が絶大な尊崇を集めていることからもわかるように、この仏教は師匠を尊び、師資相承を重んずる傾向が非常に強い。

そこにこそ、スターリンが「僧侶の存在が現政府と革命党の指導力を脅かしている」と危惧したことの最も大きな理由がある。

トゥムルバートルが案内してくれたのは、ガンダン寺を望む近郊にゲルを建てて暮らしているひとりのラマ僧の老人であった。

サムダンルヘンデブさんという。彼は、粛清によって兄を失った。

「一九三七年から三八年にかけて、多くの寺院が端から焼かれ、経文・仏典は河に捨てられたものでした。一万人を超える数のラマ僧が逮捕され、殺されました。そのうちの一人になってしまったのが、私の兄・ジャムヤンジャブでした。彼は『カブジュ』という高い位の称号を持つラマ僧だったのです」

——あなたはそのとき何をしていましたか。

「私は兵隊でした。兄が逮捕されたのは、私が徴兵されハルハ河の近くに行った直後のことでした。軍隊に入る前、兄が家に帰ってきたときのことを思い出します。そのときは特にどうということはなかったのですが、考えてみればあれが最後だったのですね。軍隊に手紙が届き、私は兄が逮捕されたことをはじめて知ったのです。兄から手紙が来ることはありませんでした。誰もそのような手紙は配達してくれません。いつどこで兄が殺されたのかは、いまだにわかりません」

――あなたは今、ラマ僧ですね。

「はい。私は小さい頃からお経を覚えるのが苦手で、やっとのことで少しばかりの経文が読めるような子供でした。軍隊を除隊になった頃、ラマ僧たちに復興の気運がありましたので、兄のように、死ぬ前にお経を読もうと思ったわけです」

――ラマ僧は自分が殺されるとわかったとき、その死をどう受け止めたでしょうか？

「ラマ僧は自分のことのみを考えてはいけません。他の生けるものに懐疑的であってもいけません。最後まですべての生命を助ける姿勢を崩してもなりません。ラマ僧は、いつも善い行いを積むことばかりを考えています。誰かが自分を攻撃し殺そうとしている。よし、今度は自分がそうしてやろうなどということは考えません。兄もまたそうであったと思います。ラマ僧は反抗などできないのです。自分は善い事を行って生きてゆこうと決めてここまで来た。きっと幸せな生まれ変わりができることだろう。そう思っていたのではないでしょうか」

老人の前に、長い時間が流れた。

そして最後に彼は、こう言葉を加えた。

「私たちは恐れません。善い行いを積んでいるものは、何度殺されても必ず生まれ変わることができるからです」

スターリンが、殺戮によって断ち切ろうとしても最後まで断ち切ることができなかったものがここにある。これが、スターリンを心底、怯えさせたものでもあった。死によっても決して途絶えることがない、人間というものの奥底を聞かされたように思った。


それから数日後のことである。

私たちはホテルの狭いロビーのベンチに腰掛けて、トゥムルバートルがやってくるのを待っていた。ある人物を伴って彼は現れるはずである。大きな包みとともに。

私たちが内務省文書保管機関に正面突破をねらって出した粛清関係文書の取材許可申請は、案の定、一蹴されていた。トゥムルバートルが予想した通りの展開である。しかし、ここから彼の粘り腰は始まった。あの手この手を使って、とうとうこの難攻不落の砦を崩してみせたのである。とはいっても、機関が機関として取材を許可したわけではない。その詳細を多くは語らないが、彼は人脈から人脈へと続く細い河を泳ぎ切って、私たちの取材に協力してもよい、という人物との接触することに成功したのである。その男は、今まで一般には誰にも見せたことがない極秘粛清資料を持つという。

「お待たせしました。これがその文書です」

到着したトゥムルバートルの顔は、いつになく厳しく、焦りが見える。

「彼は、撮影も書写もすべてOKだと言っています。ただし条件があります。これすべて、二時間以内に終えること」

その人物が運んできた包みを見ると、風呂敷で四つほどもの量がある。私たちは、直ちに文書接写と資料用撮影に分かれ、ロシア軍事史公文書館で敷いたのと同じ態勢を組むことにした。

文書がロシア語とモンゴル語で書かれていることが、当然のことながら、苛立たしく感じられる。この状況においては、トゥムルバートルが翻訳してくれる文書の要約を待って撮影すべきか否か検討している時間はない。私は、今までの取材から予想できるあらゆるキーワードを、記憶の鍵盤を叩いてはじき出し、焦点を絞って伝える。それを頭のかたすみに置いて、トゥムルバートルは目を皿にして文書を斜め読みしてゆく。しかし、伝える焦点を絞りすぎると、その傍らにあるだろう予測を越えた大魚をみすみす逃すことになる。その按配がむずかしい。私とトゥムルバートルは、額を並べるようにして文書を追っていった。

「あった。これこれ、これ大事じゃない！　この電文。モンゴルから送られた粛清報告書ですよ。送信先はモスクワ」

瞬間、桜井がレンズを鋭く向けた。

「ほら、これわかるでしょ。数。数がある。粛清された人数ですよ。これ」

文書は一九三七年五月、ウランバートルから発信された電文であった。宛先はソビエトのKGB長官・エジョフとなっている。

私は指令に基づいて、この一年半の間に、ラマ僧への課税を、四一〇万トゥグリグ（モンゴルの通貨単位）から五八〇万トゥグリグに引き上げた。

粛清したラマ僧は、最高位四三九名・中級位四〇四名・下級位六〇三名である。

今までの間に、強盗容疑・日本のスパイ容疑・国家反逆罪容疑をかけて逮捕し、収容所に監禁している人数は一一一九名。ラマ僧は一三五二名である。

今年の秋にでもそちらとお会いしたいと思う。その時、より詳細な内情をお話しし、そちらからの次なるご指示を仰ぎたい。回答を待つ。　チョイバルサン

この文書において、まず注目すべきは、その日付である。

一九三七年五月といえば、ゲンデン首相がスターリンによってモンゴル人民共和国の首相の座を追われ、ソビエト・クリミヤに幽閉されていた時期と重なっている。この電文は、ゲンデンに代わって、モスクワの指令を忠実に実行する新たな権力者がモンゴルに誕生したことを物語っているのである。送信者であるその男の名前は、最後に記されていた。

チョイバルサン――。

この名前には見覚えがある。私はすぐに、それが一九三四年一一月一五日に行われたスターリンとゲンデンの会談議事録の中にあったことを思い出した。そこには、次のようなやりとりが確かに存在したのである。

スターリン　ここで私たちはある提案を行いたい。副首相には、他に多忙な業務を抱える人物を据えるべきではない。この仕事に専念できる人物である必要がある。どなたか該当の方はおられるか。

ゲンデン　そういうことであるならば、チョイバルサン同志を推薦したい。

ゲンデンがこの時、奇しくも副首相にすべき人物として名前をあげた男。それが、まさしくこの秘密電文を送ったチョイバルサンという男であった。

スターリンによる「他に多忙な業務を抱える人物を据えるべきではない」という副首相の適格条件の指示は、まさに、ソビエトにとって都合の良い一人の人物の推薦にゲンデンを向かわせるものになったのではないだろうか。はたして、チョイバルサンは、この会談後の翌一九三五年、スターリンの推薦承認付きで副首相に就任している。

チョイバルサンとは何者なのか。副首相に至るまでの彼の略歴をここでひもといておこう。

一八九五年二月八日、ドルノド県（ハルハ河地域である）生まれ。

少年時代はチベット語を勉強し、ラマ僧としての教育を寺で受ける。チョイバルサンという名前は、この時、寺から授けられた名前である。やがて、厳しい教育に耐えられなくなって寺を脱走し、一七歳で外務省所属のロシア語学校に入学。その学校から八名選抜されたソビエトへの留学生となり、イルクーツクの大学に入る。ここで彼は徹底的にソビエトの言語・政治・思想・軍組織・歴史を学ぶことになった。

その後、彼は、一九二一年のモンゴル独立のためのソビエト援助を画策する青年グループに入り、独立建国時には「最初の七人」という英雄の一人として名を馳せている。

二二年八月、モンゴル革命青年同盟を結成。初代同盟長に就任。

周囲では、この頃からソビエトによる粛清が開始され、チョイバルサンもラマ教の修行をしていた過去が発覚したため粛清リストに上ったようだが、危うく難を逃れている。

一九三一年、農務大臣に就任。しかし、その後、三三年から再び反革命的運動に参加しているとの嫌疑をかけられた。このとき、彼は自らソビエトに行き、モスクワ首脳部と会っている。このとき、何がそこで話し合われたのか、経歴には記されていない。確かなことは、この五カ月後にチョイバルサンは無事に帰国を果たし、その直後の三五年五月、前述したようなスターリンの発言の後押しもあって、副首相に昇格就任していることである。

スターリンとゲンデンの会談は、チョイバルサンが自らの嫌疑を晴らしにモスクワに行き滞在していた期間の末期にあたる。ゲンデンが知らぬ裏側でチョイバルサンとスターリンの間に何らかの劇的な関係の好転があったと見るのは穿ち過ぎであろうか。両者の間で、どのような密約が交わされたのかはわからないが、少なくともチョイバルサンはこのとき閑職にあり、「革命」をモンゴルに起こした「最初の七人」としては随分さびれた状態にあった。ゲンデンは、二人が秘密裏に敷いた計画の「罠」にかかったといえなくもない。チョイバルサンは、粛清されるかもしれない身から、一転して、副首相の座を獲得したのである。

チョイバルサンは昇進を加速する。一九三六年には内務省大臣を兼任。そして、ソビエトの指示を待つ旨の問題のこの電文を打っている一九三七年には、外務大臣・国防大臣・モンゴル軍総司令官の地位を付与されている。つまり、ゲンデンが銃殺された頃には、国防・内務・外務・副首相をすべて掌中におさめる筆頭閣僚にのし上がっていたわけである。

粛清文書からは、さらにこの「チョイバルサン報告書」に対応する返信電文が発見された。一九三七年八月二八日。今度はモスクワからチョイバルサンに宛てて送られてきた電文である。この電文には、モンゴル人の氏名と嫌疑内容が一行ずつ記されていた。その数は一一五名。これは、ソビエトが要求する「モンゴル人粛清リスト」だったのである。罪状のほとんどは「日本のスパイ」「反革命的運動」とされている。注目すべきは、このリストにラマ僧が登場しないことだ。ここに挙げられた人物は、政府高官・軍関係者に限られ、いよいよソビエトがモンゴル国内の政治的不安分子を一掃する計画に本腰を入れ始めたことが伺える。

恐るべきことに、この粛清リスト電文には、さらに続けてチョイバルサンの返電がある。それによれば、この八月二八日のソビエト側による粛正リストにしたがって、チョイバルサンは半月後の九月一五日までに、この中の一〇一名を逮捕。彼らへの尋問による「自白」をもとに三二名を追逮捕している。総数としては、ソビエトの指令を上回る「実績」をあげた。

このとき、リストに載せられ、粛清された主な人物を見てみよう。

チョイドクスレン　最高裁判所長官　九月一一日逮捕　一〇月二五日死刑執行
マルジ　軍参謀長　九月一〇日逮捕　一〇月二一日死刑執行
サンブー　外務大臣　九月一〇日逮捕　一〇月二一日死刑執行

肩書に注目されたい。チョイバルサンの外務大臣への就任は、処刑と入れ替わりに行われているのである。逮捕によって空席になったポストを、チョイバルサンは次々と独占していった。

この時、彼が兼務することになった残りのポストは何か。

それは国防大臣とモンゴル軍総司令官のポストである。

実は、この返電が打たれた八月二八日からさかのぼることわずか五日、八月二三日に、前任の国防大臣は不審な死を遂げている。

軍隊から尊敬を集めていたモンゴル軍総司令官兼国防大臣のデミッドは、この数日前に受けたモスクワからの招待により、シベリアを鉄路移動中であった。その中継駅で、「中毒死」したのである。この死は、日本軍のスパイによる毒殺だという宣伝も行われたが、同行していた妻の証言では、血痕の残る打撲傷が数ヵ所、遺体に認められたともいわれる。

死の真相は、依然、闇の中であるが、ソビエトから届いた「粛清リスト」と入れ替わるようにして旅立っていた国防大臣はいなくなり、チョイバルサンが国防大臣・モンゴル軍総司令官に就任したことは事実である。

こうして、次々と空席を我がものにしていったチョイバルサンの粛清活動は、この二カ月後に、さらにエスカレートし、徹底されてゆく。

その証拠は、内務省粛清文書の中の厚さ七センチにも達する綴書類にあった。

そのひとつ。

日付は、一九三八年四月二八日。タイトルは「第一六回特別粛清委員会決定議事録」とある。一ページごとに名前・種族（民族）・年齢・犯罪容疑が記され、そのほとんどの上に大きくモンゴル語の手書きサインで「死刑」「死刑」「死刑」とチェックされている。

例をあげよう。種族欄にモンゴル民族のひとつブリヤート（モンゴル人の一種族）と記された「タブハイ」という名の五三歳の牧民は、「日本の援助を受けて反革命的運動を起こそうとした

ソビエト軍幹部とチョイバルサン

犯罪」によって「死刑」と大書されている。

ほとんどの罪状はこれに等しく、「日本」という文字が躍らないページはないといっていい。この段階においては、粛清の対象はもはや政府・軍の高官に限らず、素朴に遊牧生活を送る一般国民にも及んでいることがわかる。

結局、この日一日のみで、「特別粛清委員会」は八四五名の死刑を決定、二九八名を一〇年以上の禁固刑に処すとの「判決」を下している。ここには、「特別粛清委員会」の委員の署名も記されていた。チョイバルサン、ロフサンシャル（人民革命党党首・国会議長）、ツェレンドルジ（最高裁判所長官）の三名。三名分しかない。つまり、この三名のみによる決定だったのだ。

粛清文書の閲覧と撮影を極秘裏に協力してくれた人物によれば、この「特別粛清委員会」は、粛清を迅速に行うために、チョイバルサンが一九三七年一〇月に組織した「三人委員会」であり、一九三九年四月（「ノモンハン事件」一カ月前）の解散までの期間に五一回開会され、粛清された人の数は、実に、二万五七八五人に上っている。

驚くべきことに、この時の三人のメンバーのうちでも、生き残ったのはチョイバルサンだけで、あとの二名は四〇年から四一年にかけて、自らが裁いた人間と同じ運命をたどっているのである。

モンゴル国内の粛清は、この一九三七年一〇月から一九三九年四月までの間でピークに達している。これは、当時のモンゴル人民共和国の人口およそ八〇万人のうち、三〇人に一人の割合に相当する。記録上残されなかった処刑や殺傷を考慮すれば、その割合は跳ね上がるにちがいない。この時期、ハルハ河に目を転じれば、「ノモンハン事件」の前段階の国境紛争（小競り合い）が頻発化し（三七年一一三件、三八年一六六件／関東軍調べ）、三八年には「ノモンハン事件」の前哨戦ともいえる「張鼓峰事件」（ウラジオストク近郊の沿海地方南部でソビエト軍と日本軍が起こした大規模な軍事衝突）が起きている。モンゴルと満州国の国境紛争、ソビエトと日本の軍事的緊張が高まるのに比例して、モンゴル国内の粛清は加速度を増していった。

この粛清については、日本側も察知していたと思われる。

一九三八年、モンゴル軍のビンバー大尉が満州国側に逃亡してきて、『朝日新聞』にその状況を語ったのである。

一九三七年八月を思い起こすと、私は気が狂いそうになります。首都郊外で銃声が絶え間なく響きました。外蒙古の偉大な指導者たちが次々に銃殺されたのです。（「ビンバー大尉の手記」）

これは、今回取材できた「粛清文書」の一連の電文のやりとりと時を同じくする証言である。さらにビンバー大尉は、ひとりの軍人の名前をあげ、その隠された野望をこう語りだすのである。

ダンバ軍団長は、我々を集めひそかにこう話しました。「反ソ運動についての私の決意は強まる一方だ。我々はソ連の圧力から抜け出さねばならない。ひとたび私や仲間が反ソ運動に立ち上がったならば、救いの手が（日本側から）さしのべられると私は確信している」（前掲書）

ビンバー大尉によれば、ことの推移は以下のようになる。

一九三七年春には反ソ派の秘密集会が開かれ、ゲンデン元首相を自由主義新独立モンゴル国の指導者とすること、全ソビエト軍をモンゴルから撤退させ、満州国および内モンゴル（中国側）とモンゴルの国境を開放するという行動指針ができたという。

これについて、ダンバ軍団長は、「今、我が軍が日本と満州国にごく近い場所に展開していること、その土地がハルハ河流域であることは、この決起行動に極めて好都合である」と語り、「遠くない未来に勃発するだろう日本とソビエト間の、あるいは日本と中国との間で起きる戦争時に、満州国にいる同じ民族のモンゴル人が我々を助け、計画は成就するだろう」との見通しを述べた。

時をおかずして、その機会は訪れた。一九三七年七月七日の盧溝橋事件（日中戦争）である。このとき、すでに八月の「粛清リスト」（一一九ページ参照）でその名前を紹介したマルジ軍参謀長が、密かにハルハ河近郊地域に駐留するダンバ軍団長率いる一万兵力に、ウランバートルの騎兵師団と呼応して立ち上がるよう呼びかける極秘命令を発した。

しかし、その計画書が不覚にもチョイバルサンの手に渡ってしまったのだという。

このビンバー大尉の証言は、それが「ノモンハン事件」さなかに、しかも日本側から発表されているだけに、どこまで事実として判断してよいかわからないところがある。

日中戦争勃発に呼応してダンバ軍団長らが立ち上がろうとしたことがあったかどうか、今回の取材で裏付ける資料を見出すことはできなかった。しかし、この証言がひとつの信憑性を獲得しているのは、この一カ月後の八月に政府・軍高官の大粛清が開始されている事実である。

私は、時期は特定できないが、ビンバーが語る「水面下での反ソ勢力による蜂起計画」は実際にあったのではないかと考える。それには理由がある。

一九三七年七月段階ではない、これよりもグッと「ノモンハン事件」勃発の時期に接近する一九三九年一月（つまり開戦のわずか四カ月前）に少なくとも「クーデター計画」があったことをうかがわせる文書が、今回の取材で発見されたからである。

ロシア軍事史公文書館の文書番号33987―3―1181―16〜23が該当文書である。この極秘報告書は、一九三九年二月一一日、ソビエト内務人民委員ベリヤから国防委員ヴォロシロフに宛てて発信されたものだ。

そこには、以下のような内容が記されているのだ。

一九三九年一月二六日。チョイバルサンからの報告によって参謀本部で召集されたウランバートル守備隊の指揮官会議において、ダンバ軍団長（国防省次官）が出した極秘戦闘待機命令書（守備隊は非常戦闘態勢に入って待機せよとする極秘通達）があったことが判明した。ひとたび戦闘命令が発せられれば、守備隊はモンゴル駐留ソビエト軍に攻撃を開始する手筈となっていた。

チョイバルサンは直ちにこの待機命令を解除し、事態は平和時に回復している。

彼はまた、この秘密裏に進められていた反革命組織事件に関する捜査資料を検討した結果、一月三一日、ダンバ軍団長（国防省次官）ら一三名の即刻逮捕を決定した。

ダンバ軍団長

ダンバ及び他の軍高官の陰謀加担者の資産没収は、二月一日夜、実行された。
チョイバルサンは、この逮捕に関する報告集会を同日開き、罪ある者は速やかに出頭せよ、と呼びかけた。この結果、二月六日までに守備隊で罪を認めて出頭した者は二五人に達した。
（ロシア軍事史公文書館文書　文書番号33987－3－1181－16～19）

これによれば、ビンバー証言で主人公として登場するダンバ軍団長は、実際にモンゴル駐留ソビエト軍に対して狼煙をあげ、反ソ同志を結集して立ち上がろうとしていたことがわかる。これが発覚したことによって、ダンバ軍団長は、一九三九年一月三一日ないしは二月一日に逮捕された。

この極秘報告書には添付文書がある。そこに記されたダンバの供述は、ビンバーが語った日中戦争勃発直後の状況と酷似しているのである。

ダンバ元国防次官は、自分が一九三五年からゲンデン率いる反革命分子のメンバーであっ

たことを認めた。彼は、一九三八年からモンゴル軍における反革命組織のリーダーを務め、現モンゴル人民共和国首相・アモルの指導のもと、敵対活動を画策していた。ダンバは、昨年（一九三八年）一一月七日、ウランバートル守備隊において、軍事行動の準備をしたこと、軍事蜂起の日を一九三九年一月二一日に延期した、とする証言をした。ダンバはこの軍事行動待機命令をアモル首相から一月一五日に与えられたことも証言している。予定した期日で実際の行動がとられなかったのは、準備不足によるものであった。

二月九日、チョイバルサンは、スターリンから下記の指令を受けたことを在モンゴルソビエト全権代表に明かした。

モンゴル人民共和国政府からアモル首相を駆逐すること。首相ポストにはチョイバルサンが就任すること。チョイバルサンは国防大臣・内務大臣・外務大臣をそのまま兼ねること。アモル逮捕に際しては、まず国民に広く労働者の利益に反する活動を行っていたことを認知させ、なぜ彼を首相から解任するか十分説明し、その後、アモルを逮捕すること。

以上の指令に基づき、チョイバルサンは固い決心のもと、直ちにこれを実行に移し、さらにドブチン財務大臣、ドルジ貿易・運輸大臣も逮捕すると述べた。（前掲書 二〇〜二三頁）

この文書と事実経過は符合する。

ここで黒幕とされたアモル首相（ゲンデンの後継首相）は、一九三九年三月八日、つまりこの報告書の約一カ月後に逮捕され、一九四一年七月、モスクワで粛清されているからである。

こうしてチョイバルサンは、最後に残されていた最高権力者のポストであった首相の座をも、スターリンの指令によって手に入れた。首相・国防相・内務相・外務相。要所官庁をすべて独裁的に自らの支配下に入れたことになる。


アモル首相、ダンバ軍団長の「クーデター計画」は本当にあったのだろうか。彼らは無実だったのだろうか。

この「クーデター計画」がチョイバルサンによる政敵一掃のための最後の謀略「でっちあげ」だった可能性もある。

しかし、私たちは、このロシア軍事史公文書館極秘報告書に符合する、次のようなモンゴル内務省関係極秘文書を探し当てることができた。

モンゴル語による一九三九年二月一六日の「ダンバ容疑者尋問調書」である。

尋問者　**日本側にお前が伝えた情報はあるか？**
ダンバ　**モンゴル軍の現状況、ハルハ河地域の軍配備増加状況、モンゴル国内で行われている反革命組織に対する粛清の拡大状況についてである。**
尋問者　**それは、どのようにして伝えたのか？**

ダンバ　ビンバー大尉に託して持たせたのである。
尋問者　誰の命令か？
ダンバ　アモル首相の命令による。
尋問者　現在、お前が考えていることを述べよ。
ダンバ　チョイバルサンは殺人者である。我々は反革命の戦いを続行する必要がある。ソビエト軍およびモスクワの影響力を排除した自由主義による、力あふれたモンゴル民族統一を成し遂げなければならないと考えている。

この本人供述書に表された彼の思想、そして彼とビンバー大尉との関係。これは前述のビンバー証言と驚くほど一致するものだ。

「粛清の完成だな」
桜井がひとりごちた。
そうだ。まさに、チョイバルサンにとって、否、ソビエトのスターリンにとって、アモル首相とダンバ軍団長（国防次官）の逮捕粛清は、反ソ派と疑いある者、日本と結ぶ可能性がある者を完全に政府・軍事体制から抹消できた「粛清の完成」といってよい瞬間であり、それは、とりもなおさず、内側からも揺らぎのないモンゴルというソビエトの「盾」を完成させた瞬間だった。

情報を得ていた日本側は、モンゴル国内の分裂瓦解を息をひそめて見守っていたにちがいない。しかし、その密やかな期待を、ソビエトはモンゴルに振り下ろした鉄拳制裁によって打ち砕いたのである。

こうして、ソビエトにとっての防波堤となるべき「モンゴル要塞」は、一九三九年二月に完成した。

これに、二カ月後、関東軍が示達した「満ソ国境紛争処理要綱」が重なる。

「ノモンハン事件」という悲劇の幕を開ける準備と要素は、ここに整ってしまったのである。

桜井は、チョイバルサン個人が所有していたというプライベート・アルバムを床に置き、レンズを向けて舐め回すように映像に収めている。

最初のページにゲンデンの肖像写真が貼り付けられたそのアルバムは、まさに「粛清アルバム」ともいうべきものであった。

私は、政敵をひとりずつ消すたびに、このアルバムに写真を貼っていったチョイバルサンの背中を想像していた。それは、鬼のように恐ろしい殺気を漂わせるものではなく、ソビエトの意のままに動く中でかろうじて自分の命を永らえさせている者の悲哀に満ちた、しょぼくれた背中のように見えた。

第六章　殺戮

ハルハ河への旅

怪物と戦う者は、そのために自分も怪物にならぬように注意するがよい。
汝、底なしの深淵を覗くとき、底なしの深淵もまた汝を覗き込む。

——フリードリッヒ・ニーチェ
（『善悪の彼岸』より）

モンゴルの七月は、光輝く「ナーダム」の季節である。

ウランバートル郊外の一面に広がる草原には、モンゴル各地からこの国民的祭典のために長旅を経てやってきた遊牧民たちのゲルがひしめき合っていた。

祭典一般を意味する「ナーダム」は、草原で繰り広げられるモンゴル相撲や子供たちによる競馬、老若男女で競われる弓射の競技で、日本にもよく知られている。

「モンゴル相撲には土俵がないです。俵という境界がありません。だから、力士たちはどこまでも相撲をとることができます。倒さなきゃ勝負は決まらんのですよ。弱い力士は草原の向うまでどんどん逃げて行っちゃってもいいんです」

「面白いですね。見てみたいなあ。俺だったらどんどん逃げて持久戦に持ち込むなあ」

「見ますか？　でも勝負がつくまで半日かかることもありますよ」

「それじゃあ今回は無理ですね」

車窓越しに過ぎる祭りの準備風景を見ながら、後部座席で録音の鈴木とトゥムルバートルが談笑している。私たちは、ヘリコプターの出発基地となる空港を目指して移動中である。

いよいよ今日、戦場となったハルハ河へ飛ぶ。

三日後は「ナーダム」の開幕。七月一一日は、モンゴルが悲願の独立を成し遂げた「独立記念日」に当たる。今でこそ賑やかな祭日であるが、この「独立記念日」は、数多くの犠牲と苦痛を生んだ歳月の積み重ねの中にある。

ヘリコプター発着ポイントには、黄色いロシア製ヘリコプター「ミル－8」が待機していた。予想していたよりはるかに大型で、十数人以上は乗れそうだ。巨大な燃料予備タンクが座席の合間にどっかりと据えられ、その中にハルハ河流域を飛び回るための油がドクドクと注ぎ込まれていた。

「それにしてもでかいなあ。大丈夫ですか？　これ」

カメラマンの桜井が、ヘリコプターの乗降口をペタペタと叩いた。

「そんなこと言わんでください。私はヘリコプター乗るの初めてです。恐がらせないでください。『ナーダム』の予約でいっぱいでこのヘリコプターしか空いてなかったのです。これ危ないですか？　危険ですか？」

桜井は笑ってトゥムルバートルに「そうじゃない」と言い、

「大丈夫かって聞いたのは、この乗降口の扉を飛行中に取っ払えるかってことですよ」

「ええっ」

トゥムルバートルは、さらに目をまん丸に見開いた。

「ヘリコプターは空高くあがるんですよ。そのとき、私たちと空が何の仕切りもなくつながってしまうことになるわけですか？」

桜井がきわめて厳格に宣言する。

「そうです。ハルハ河を上空から撮るためです。小さなのぞき窓程度の窓越しでは撮れません。この扉を外してもらう必要があります」

遠くで出発準備をしているパイロットのところにすっ飛んで行ったトゥムルバートルは、やがて大きな「ＯＫ」のサインを送ってきた。

搭乗者は、私たち四名にモンゴル人二名が加わる予定だ。

モンゴル人記録映画監督であるトゥデブ・チミッド氏と、カメラマンを務めるバヤルサイハン氏である。

彼らは今、モンゴルの現代史をテーマとした五時間に及ぶドキュメンタリーを撮影中である。独立から一九四五年までのモンゴルの歴史を、記録フィルムと現在の実写、証言者のインタビューで綴ってゆこうとする一〇年がかりの大作である。

その中心に据えようとしているのが、ハルハ河戦争だ。

ハルハ河戦争は、独立後のモンゴルが体験した最大の戦争であり、第二次世界大戦とは比較にならないという。モンゴルは、大戦においては末期に、日ソ中立条約を一方的に破棄して満州国になだれ込んだソビエト軍と行動をともにしただけだった。すでに住民・民間人を置き去りにして壊走したあとだった日本軍と戦火を交えることもなく、このときは自国の領土で戦いがあったわけでもない。

チミッドさんの撮影は順調に進んでおり、もうすぐハルハ河の章を完成できるという。ハルハ河の撮影は今回が最後の予定だ。

「いやいやお待たせしました。皆さん、お元気ですか」

現れたチミッドさんは、黒々とした硬そうな髭をたくわえ、五〇ほどという年齢を感じさせない若々しさである。酒も猛烈に強い。彼とは以前、一度、トゥムルバートルの紹介で出会い、一晩モンゴル・ウォッカ「アルヒ」を酌み交わした仲でもあった。

その際、私たちのハルハ河への撮影行の予定を聞いて、心配してくれたのが彼だった。

「ハルハ河には行ったことがありますか？」

「いや。今回が初めてで楽しみにしています」

「誰があなたがたについてゆきますか？」

「トゥムルバートルさんですよ」

「彼だけですか？」

「はい」

「そりゃあまったく無茶ですよ。あそこは草原だけで何にもない所ですよ。退役軍人か何度もあそこに足を運んでいる研究者を連れて行かなければ、どこで何があったかなどまったくわからないですよ。ハルハ河と草原のイメージだけをお撮りですか？」

「いや、イメージなど要らないのです。イメージじゃなくて〝現場〟が写せないと困るんです」

「それじゃあ誰か連れてゆくべきだ。どれ、私が当たってみましょう」

そう言ってはくれたものの、適当な人間は見つからなかった。チミッドさんは、とうとう差し迫った映像編集のスケジュールをやりくりして、自分が私たちの案内役になると申し出てくれたのである。彼はこの一〇年以上の間に、すでに何十回となくハルハ河の撮影を行っており、

チミッド監督とカメラマンのバヤルサイハン
（右端は筆者）

これ以上の案内役はいないと思われた。しかし、ただ飛んで行くのももったいないので追加撮影もしたいという。ちゃっかりしてるな、と思ったが本意はご好意である。カメラマン一人の同行を私たちは快く受け入れることにした。

カメラマンのバヤルサイハン氏は一九〇センチ近くあろうかと思われる大男だが、童顔で微笑を絶やさないやさしい人だ。父親も、モンゴルに残るハルハ河戦争の痕跡を丹念に撮影したカメラマンであったという。バヤルサイハン氏は、父親が戦場カメラマンとして駆け回ったハルハ河流域を、その六〇年後に訪れることになる。亡き父の「眼」を感じてみたいんです、と言う。

一行六人を乗せた「ミル－8」は、午前一〇時、ウランバートルを飛び立った。

ここから目指すハルハ河までは、直線で飛んでも九〇〇キロはある。

遠ざかるウランバートルの草原。

「ナーダム」の準備をしている人々のゲルが、大海原に散らばる帆掛け舟のように風に揺れていた。

「虹ですよ！　虹！」

丸い小さな機内の窓から行く手を眺めていたチミッド監督が、私の肩をつかんで大声で怒鳴った。乗降扉が大きく外されているため、機内にはローターの回転音が轟きわたっている。思わず私は、猛烈な風を受けながらカメラを構え続けていた桜井の隣に近づいた。

「危ないっ！　ダメ！」

トゥムルバートルが絶叫する。私は自分の腰に結んであるモンキーベルトを揺さぶって彼に見せ、桜井の耳元で叫んだ。

「虹が見えるって。どう？」

桜井はファインダーを覗き込んだまま、小さく指で「OK」のサインを作り、すでに画格にその対象をとらえていることを示した。

ハルハ河まで残り四〇〇キロの地点である。

はるか前方に大きな虹が浮かんでいる。

日本では見たこともないような虹である。

地平線から飛び出した光軸は、まっすぐ一直線に中空に上昇し、そのまま緩やかな角度をつけて旋回しながら没してゆく。さえぎるものは何もなく、完璧な半円がそのままの形をもって、あたかも「ノモンハン」に入るゲートのようなたたずまいで、真っ平《たい》らな大地に突き刺さっていた。虹を境に、その向うには怪物のような黒い雲が立ち込め、今飛んでいる上空とはまったく異なった表情である。

ヘリコプターは、その境界にぐんぐん近づいてゆく。と同時に降下が開始された。パイロットがこの草原への不時着を決断したらしかった。平原は、そのすべての場所をヘリコプターのエアポートにすることができる。

着陸してタバコを吹かし始めたパイロットと二、三の言葉を交わしたトゥムルバートルが、私たちのところに引き返してきた。

「この天候ではハルハ河まで飛べないと言っています。ここから先の雨雲の中は前が見えなくなり、とても危険だと。困ったなあ。今日中にスンベルまで着かないと。ヘリコプターの契約日数が撮影中に切れてしまいますよ。パイロットにお願いして何とか行ってもらうようにしましょう」

「トゥムルバートルさん。やめておきましょう。僕ら素人の判断ではなくてプロの判断なのですからね。頼み込んでどうなるものでもないでしょう。頼んで変わるようだったら、かえってプロとして大丈夫かと思っちゃいますよ。待つしかありません。待ちましょう」

焦りがないと言えば嘘になる。

契約したヘリコプターの日数は四日間。往復に一日半はとられてしまうから、実際に現場で撮影できるのは三日間に満たない。この間に、日本の九州ほどもあるという草原をくまなく取材することは、それだけでもよほど「合理的に」進めないと不可能だ。契約の四日間も「ナーダム」客を乗せる過密なフライト予約スケジュールの中から、トゥムルバートルが拝み倒して捻出させたギリギリの期間である。このヘリコプターも、ウランバートルに戻るとすぐに、日本人観光客の「ナーダム」上空遊覧という次の予定が入っているのだという。

ハルハ河というのは、それだけ行くのが困難な場所だ。最寄りの飛行場は、ソビエト・モンゴル軍の前線司令部が置かれていた戦場の中心地・スンベル村からおよそ四〇〇キロ離れている。モンゴル国内線の飛行機で飛んだとしても、そこからは道らしい道もない草原を、それだけの距離、車で移動しなければならない。要する時間は一日。つまり、このコースで行けば移動に二日間とられることになる。

地方のヘリコプターは数が少なく安全性にも疑問がある、という。私たちが選択した方法は、結局、ウランバートルから八時間かけて直接ヘリコプターで現地に移動することだった。これが最短時間であり、かつそのヘリコプターの機動力で戦場を飛び回ることができる。しかし、その戦場取材で使える時間にも限りがある。燃料の関係から三日間で六時間以内と決められていた。戦場の付近に燃料の補給基地は一切ない。

「虹が消えたね」

地上でも三脚を据えて虹をとらえていた桜井が、ファインダーから目を外した。

「五分後に出発します」

パイロットが私たちに、そう告げた。

見ると「ノモンハン」方向に一筋の光が差し込み始めていた。

ハルハ河沿いにあるスンベル村に到着したのは、陽が草原にひっかかるようにして落ちた直後のことだった。

上空から大型ヘリコプターで降りてくる私たちを、草原で馬を追っていた子供たちが取り囲む。ここで開かれる「ナーダム」の競馬の直前練習だ。馬のスピードは驚くほど速く、それを操る子供たちは、鞍もない裸馬なのにセンチメートル単位で馬の方角を変えて行き交っている。

――ねえ。ハルハ河戦争ってどんな戦争か聞いたこと、ある？

たずねてみたくなる。残り陽の中で桜井がカメラのアイリスを開放にした。

「勉強したような気がするけど忘れちゃった。聞いたことはあるよ」

――どことどこが戦ったの？

「わかんない。モンゴルとどこか。中国かな。わかんないよ」

そういえば、この村は、中国との国境に近い村なのだった。ここを流れるハルハ河から二〇キロも行けば、ソビエトと日本がハルハ河戦後に決めた国境線がある。

「さあ。行きますよ。ぐずぐずしていられない。今夜寝る場所を探さなきゃ。下手をすると

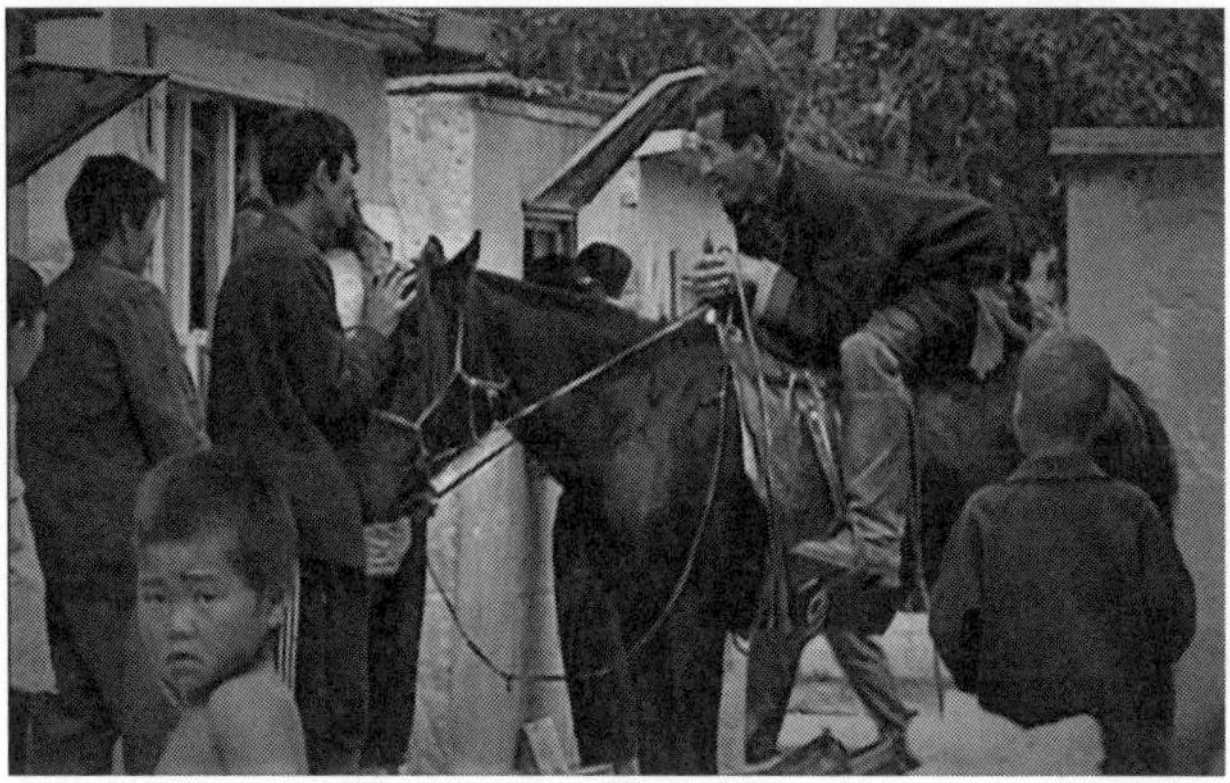
スンベル村にて

草原に野宿ですよ」

トゥムルバートルが追い立てるようにそう言って、歩きだした。

「野宿って本当ですか？　冗談じゃなくて？」

鈴木は本気で心配していたらしい。そのために日本から頑丈なシュラフも携えてきた。

かつて「ノモンハン事件五〇周年」という特集番組で一〇年前にハルハ河を取材した経験があり、今回はチーフプロデューサーとして東京の局に待機している井上隆史の話によれば、ハルハ河の夏は恐ろしいほどの蚊の大群がいるし、宿泊できるような「並」クラスのホテルもないし、相当の覚悟がいる、とのことであった。

ウランバートルで、私たちを尻目に野宿用の携行品を買い漁るトゥムルバートルを見て以来、私たちは、今度ばかりは冗談好きなこの男の冗談ではないのだ、蚊の大群とともに野宿することになるのだと

「覚悟」した。しかし、彼は、このスンベル村にある「ハルハ河戦争記念館」と連絡を取り合い、館員たちが臨時に泊まるための部屋を私たちのために確保することも忘れなかった。

「本当に泊まれるような部屋かどうか、私も実際に見ないとわからないんですよ。そこで、万が一のことを考えて最悪のことを皆さんには伝えてきたわけです。ここでいいでしょうか?」

「上等。上等ですよ」

そう言って記念館の宿泊用の部屋に用意されていた簡易ベッドに腰掛けると、スプリングが耐え切れずに底が抜けた。

館長のサンダクオチル氏が大笑いした。

サンダクチオル館長

日本で見るなら陶芸家風の、白髪のよく似合う初老の人である。

彼は、この村の生まれではなく、ウランバートルの歴史資料館に勤務していたこともあったというが、一年ほど前にここに来て記念館を自分の家として暮らしてきた。

記念館といっても、入口にも蜘蛛の巣が張った状態で訪れる人も少ない。一年に一度、毎年夏、「ノモンハン事件」ツアーや慰霊で訪れる日本人だけがお客さんなのだという。案内してもらった館内展示物の充実ぶりがもったいないくらいだ。

電気は自家製発電機だけが頼りだ。夜になると絶えずブンブンと低い発電の音が床に響いている。一晩中この状態にしておくとすぐにガソリンがなくなり、遠い町まで補給しに行くのは大変なことなので、発電は夜の一〇時まで。久しぶりの来訪者である私たちのためにもったいなくも延長してくれたのだ。いつもは草原が闇に包まれるのと同時に食をとり眠りにつくのだろう。その後、灯りは蠟燭になる。

やがて、この村に駐留する国境警備隊長・エルデニさんがやってきた。

明日からのヘリコプターの飛行ルートを相談する。

モンゴルと中国の国境ラインを飛びたい、とリクエストしてあった。ソビエト側が主張した国境線、そして、そのために多くの人々が命を落とした国境線。それを確認しておきたかった。

いきなり、ダメだ、という。

「上空から見てもどれが国境線かわかりませんよ。それどころか下手に知らない者が付近を飛ぶと中国側の攻撃を受けることになる」

「それじゃあ、あんたのところの兵隊を国境線に立たせて並ばせればいいじゃないか。そうしたらどこに国境線があるかわかるし、中国の領域を侵すこともないだろう」

チミッドさんが信じられない提案をする。

驚くべきことに、これが、通る。

エルデニ隊長は、自分がヘリコプターに同乗することを条件に国境地帯での撮影取材を認め、漆黒の村へ帰っていった。

翌朝、早く目覚めてクルーの朝飯を作っていると、桜井が茶碗と箸を持って私の部屋に入って来た。

「見た？　昨日はまったく気がつかなかったけど、すぐ近くの丘の上にでっかい塔が立ってるよ。この部屋からも見えるよ、たぶん。ほら、あれ」

窓越しに眺めると、大きく翼を広げたような巨大な塔が立っている。

ハルハ河戦争の記念塔だ。記念館のパンフレットによれば、一九八四年にソビエトとモンゴルが共同で建てたものだという。高さ五三メートル、総重量一〇四トン。この建造物を、地下三〇メートルにまで達する根柱が支えているそうだ。

地図を見ると、塔の近くにソビエト軍の前線司令基地跡がある。

私たちは、ハルハ河の取材の出発地点を、そこに決めた。

ガタガタと激しく揺れながら丘を目指すジープ。

私の手には、ロシア軍事史公文書館で探し出したいくつかの文書の内容を記した取材ノートがある。これから、文書に残された記述を手がかりに戦場を巡る旅が始まる。

ロシア軍事史公文書館文書番号33987―3―1263―269〜272によれば、五月の開戦状況を検討したソビエトのモスクワ首脳部は、ただちに新たな戦闘体制の強化に着手している。

五月の戦闘で、ソビエト軍は地上において関東軍の捜索隊を壊滅させ、日本軍を駆逐することに成功しているが、航空戦では惨敗を喫した。彼らは、引き下がった日本軍が、いったん火のついた戦いをこのまま収束させるとは考えていなかった。

一九三九年六月一一日　国防人民委員・ヴォロシロフよりスターリン同志宛て
次なる新たな任命を承認していただきたい。
㈠ゲオルギー・K・ジューコフ（白ロシア軍管区副司令官）の現在の職を解き、モンゴルに配置する第五七独立軍団の指揮官に任命すること
㈡ザバイカル軍管区空軍司令官として、A・R・シャラポフを任命すること
㈢第五七独立軍団空軍司令官として、ソビエト連邦英雄・A・I・グーゼフを任命すること

ジューコフの（戦場からの）報告によれば、第五七独立軍団司令官だったフェクレンコは、全く後方支援を整えずして部隊を出撃させ、軍隊内の規律も著しく低く、指揮官として戦闘の指揮をとることもなく管理することもできなかった。

最も決定的な瞬間での戦闘指揮は部下に委ねられたが、前線支援を放り出し、支援資材も通信手段も確保しなかった。

ザバイカル軍管区のイゾトフ空軍司令官は、ハルハ河地区での日本空軍の活発な活動に伴い、現地第五七軍団の空軍指揮を現場でとるようモスクワから命令を受けていたにもかかわらず、これを実行しなかった。

フェクレンコ、イゾトフは国防人民委員部の指揮下におき、直ちにモスクワに召還する予定である。（ロシア軍事史公文書館　文書番号33987－3－1263－256、269～271）

ハルハ河地区、すなわちモンゴルと満州国の国境地帯を守備範囲とする軍団の責任者を処罰し、総入れ替えする伺書である。

スターリンの右腕といわれ、国防人民委員（つまり国防大臣）の要職にあったヴォロシロフは、対ヨーロッパ戦線の守備要地に配置していたソビエトの最も有能な軍人たちを、極東地域防衛のために集結させることを決断したのである。このヴォロシロフの提案はスターリンによって直ちに承認され、実行されている。

これは、スターリンが、対ドイツのための防御よりも対日本・アジア極東防衛の方が、優先順位が高いと判断したことを示している。日本との戦いにいよいよ「本腰」を入れたのである。

はじめは戦場偵察報告書としてハルハ河地区に派遣されたジューコフは、指令書によって直ちにこの地でソビエト・モンゴル軍を統帥する司令官として着任し、予想される次なる戦闘準備の手を次々と打ってゆく。

ジューコフはまず、ここに展開する軍の上層部だけではなく、前線部隊内の上官の一掃処分を行っている。

第五七独立軍団への指令書　軍団指揮官・ジューコフ　一九三九年六月一九日

五月二七日から三一日までの期間の日本のサムライとの戦闘時に、多くの軍人が、モンゴル人民共和国の国境防衛という名誉ある課題を処理できず、鉄の部隊の規律を遵守できなかった。本来は軍法会議ものであるが、平時の少なからぬ貢献を加味して今回は担当ポストから追放するのみにとどめる。

第一一戦車旅団狙撃大隊上級中尉ブイコフは、戦闘中の指揮能力喪失、確たる理由もなしに戦場離脱を行ったかどにより解任。修理更生部隊へ転属。

第一一戦車旅団狙撃大隊上級中尉ルビーノフは、部隊の実践現場における規律を維持できず、左翼からの援護攻撃指令を達成できなかったかどにより解任。修理更生部隊へ転属。

第六三高射砲中隊上級中尉ポドプリトリンは、敵空軍の来襲・爆撃時の射撃開始の遅延、敵機二機撃墜との虚偽の報告を行ったかどにより解任。修理更生部隊へ転属。

（ロシア軍事史公文書館　文書番号32113-1-198~38）

ジューコフの組織引き締めは、五月の戦闘で勝利した地上の戦車部隊にも及んでいる。戦闘命令を下し指揮をとった責任者、前線現場で戦闘した兵士、そのいずれも厳しい処断を受けて交代させられた。

ジューコフの軍隊刷新は、既存の組織のみにとどまっていない。

モスクワに宛てて、空軍部隊・歩兵三個師団以上・戦車隊一個旅団・大量の砲兵の補充支援を要請し、一日でこの要求を認めさせると同時に、一方では戦場前線から一二〇キロ以上後方のタムツァクブラクに置かれていた司令部を、戦場を一望できるスンベルのハマルダバーに移動させた。

今、私たちを乗せたジープが向かっているのは、その司令部の跡地である。

ジューコフ司令部跡は、井上プロデューサーの取材時とは様変わりしていた。一〇年前の当時は、戦後五〇周年を記念して地下壕の司令部基地が完全に復元され、丸太木組みで通路も壁も補修され、会議室や司令官室もあったというのだが、今は草が生い茂った地面剝き出しのモグラ穴のような状態である。戦争当時は、この地下壕の上に草や木の枝が被せられ、上空から発見することは困難だったという。同行してくれたサンダクオチル館長が説明してくれた。

「ああ。あの修復された地下壕の木組みはね、その後ここら一帯を焼き尽くした山火事で全部燃えてしまったのですよ。その後はご覧のとおりの荒れ放題です。あ。壕の下に降りないほうがいいですよ。イラクサに刺されますからね」

館長はそう言って、はるか眼下に広がる風景を見渡した。

「ここは高いでしょう。ちょっと盛り上がった丘になってもいますよね。ここは、敵の砲弾をうけるほどの近距離で危険でもありますが、戦況判断にはこれ以上都合のいい場所はないと言ってもいい。それは二つの点で非常に有利になるからです。

ひとつは、まず敵軍の展開をすべて見渡せる位置にあるということです。ここは高台でしょう。ご覧なさいよ。スンベル村やハルハ河が全部視界に入って見下ろせるでしょう。中国との国境まで見えますよ」

確かにここは、観光用展望台でも造ればいいのではないかと思えるほど見晴らしがいい。龍のように曲がりくねったハルハ河の蛇行も見事に望め、河畔で馬に水を飲ませている牧民の姿までくっきり見える。戦場を手に取るように観察できる場所だ。

「これじゃあ、いくさにならないね」

桜井が遠望をカメラに収めながら、そうつぶやく。

ハルハ河は、その西側と東側ではまったく地形がちがう。

標高地図で認識していたよりも、実際ここに立つと、彼我の差は歴然とする。

ソビエト・モンゴル側が支配していた河の西側は、河岸からぐっと急勾配でせりあがってくる斜面の上にあり、ハルハ河より東をすべて見下ろすことができる。ここもそうだ。

これに対し、日本・満州国側が陣地を築いていた東側は、河と同じくらいの標高で低地が続いていている。これでは、日本・満州国軍の兵士たちは、敵をはるかに見上げるような格好になってしまう。少しでも敵が後方に退却すれば、その姿は視界から消えただろう。しかし、ソビエト軍は日本軍がどこまで撤退しようが、隠れる場所もない草原砂漠の平地では、即座に視認できたはずだ。

「もうひとつ有利な点は、西から友軍の自動車や戦車などをここにやって来させても、この丘の頂にさえぎられて、敵からはその移動がまったく見えないことです。ジューコフがこの場所を選ぶにあたっていかに知恵を絞り抜いたかがわかるでしょう」

この地形の有利さが、のちに日本軍が知らぬ間に予想をはるかに上回る戦力を準備待機させることができた要因ともなった。輸送された軍用資材は、砲兵弾薬一万八〇〇〇トン、空軍弾薬六五〇〇トン、燃料オイル一万五〇〇〇トンという膨大なもので、これに強力な戦車・装甲車など大型機械化部隊が加わった。

ジューコフは、戦力・戦略地点・人事において、万全の態勢準備をこの地で完了させたのである。

それでは、一方の、五月戦闘で「一勝一敗」との甘い判断をしていた日本側・関東軍はどのような戦略を立てていたのであろうか。

記録によれば、ジューコフが戦闘準備を次々と実行し大量の戦力補強を進めていた六月下旬、駐ソ大使館付武官・土居明夫大佐が、モスクワから帰国途中の鉄道で観察した状況を関東軍に伝え、少なくともソビエトは狙撃二個師団、重砲およそ八〇門を輸送しているとの報告をあげている。関東軍はこれを一笑に付し、それどころか「士気が落ちることを言うな」とばかりにこれを無視しているのだ。

これについては、戦場地点までの出撃距離において、日本側は完全に自軍に利があると判断していたためでもある。

関東軍の基地・ハイラルからハルハ河までは約二〇〇キロ。これに比して、戦場から最も近いソビエト軍の補給基地は六五〇キロから七五〇キロも離れていた。草原と砂のみの、舗装道路もない平地でこれだけの距離、大量戦力を移動させることは絶対不可能との認識が関東軍にはあり、それゆえ、この地域駐留の関東軍と数的にも変わらない、むしろ劣る兵力しかソビエト軍は投入できないと見なしていたのだろう。

しかし、この困難な兵力移動をジューコフは現実に開始していたのだった。

土居大佐の的確な報告は、関東軍を慎重にさせる効果をもたらさなかったのである。

関東軍側にも独自の戦局分析に基づいて、辻政信・関東軍参謀を中心に、戦力立て直しを立案する動きがあった。

五月戦闘を行った第二三師団を主力から外し、代わりに関東軍精鋭部隊と呼ばれた第七師団を中心に据えた配置換え計画である。

ハルハ河地区を正面担当する第二三師団は、その軍隊経験や戦闘能力に疑問符がつけられていた。この師団はハルハ河戦争が始まる一年前に編成されたばかりで、初年兵や二年兵を中心とした部隊から構成されていた。編成後もハイラルでの耐寒訓練で時間を要し、戦闘訓練開始は戦争勃発のわずか一カ月前だったという。私は、取材を始めた頃にお会いした元関東軍兵士が、次のように語っていたことを強い印象として記憶している。

「第二三師団というのは日中戦争が始まって、モンゴル国境警備が手薄になったというので、内地で非常召集された寄せ集め部隊だったんですよ。でもね、内地の部隊も部隊で、どうせ国境警備なんだからっていうんで、いわゆる、出してもいい兵隊ばっかり出したような次第で。そりゃあ中には熟練した兵隊もいたでしょうけど。私も、大陸でのんびりしてこいって言われて出されたんです。軍馬もね、手に負えない暴れ馬が送られたもんですよ。それが突然の戦闘開始でしょう。訓練もしてないし、連隊内の横の結びつきもやっと名前を覚えたかどうかくらいの感じで」

事ここに至って、訓練や実戦経験が豊かな師団を主力に変えようとしたのも無理はない。

しかし、この作戦要領も実現しなかった。関東軍司令官だった植田謙吉大将が認めなかったためである。

植田大将は、「第二三師団長・小松原道太郎にしてみれば自分の担当区域を他の師団長に処理される悲しみや痛憤はいかばかりのものだろう。戦場は数字や理性ではなく軍の父子のごとき人間味が生かされねばならない。この配置換えは自分の腹にかけても許さない」と語ったといわれる。訓練不足で事実上戦うことに無理があり、徒《いたずら》に犠牲を重ねて、かけがえのない命を放り出さねばならなくなる前線兵卒への視点は、ここにはまったくない。

かくして歩兵・火砲・工兵に増強をはかったものの、主力を第二三師団のままに据え置いた修正案が、六月二〇日「関作命第一五三二号」として下達された。これは、ジューコフが五月の戦闘の結果を厳しく追及し、軍隊内の指揮官・上官を罷免する指令書を出した一日後のことである。

ハマルダバーのジューコフ前線司令地下壕への取材を終えた私たちは、記念館の近くに待機させておいたヘリコプターに乗り込み、戦跡を回ることにした。

ハルハ河を越え、激戦地となった日本側（つまり河の東側）の上空に入る。平原は砂と草ばかりで、戦跡といっても何の目印もない。チミッド監督やサンダクオチル館長の案内がなければ、どこを目指していいかもわからない草原である。

チミッド監督の指示によって、そのひとつのポイントに降りてみた。

大平原に仏像がポツンと立っている。「フイ高地」という標がそれに寄り添う。

後方には日本軍が掘ったという塹壕があり、草に覆われていた。大樹も家もなく身を隠す場所がひとつもないこの戦場で、兵隊たちは必死になって自分と兵器を隠す穴を掘り続けたにちがいない。近寄ってみると、その塹壕の中には、いまだに錆びた武器の残骸や飯盒などが散乱している。

「この白いの、何ですかね」

録音の鈴木が落としている視線の先をたどってみると、白いかけらが三つ四つ砂にまぎれて転がっている。

骨だった。

頭蓋骨を示す冠状縫合線が見える。

日本からの慰霊団が戦場の骨を拾い集め供養したと聞いていたが、そのときは平原の砂に埋もれていたものもあり、風に吹かれて地表に出てくるものもあるのだろう。誰のものか、もはやその名前すらわからない骨が、いまだにこの草原のいたるところに眠っているのである。

真っ赤に錆びた手榴弾も落ちている。拾い上げるとエルデニ国境警備隊長から厳しく注意された。まだ、不発弾は数知れず、どんな拍子に暴発するかもわからない、という。

ヘリコプターに引きあげようとすると、「動くな」と声が飛んだ。

ビクリとして立ち止まると、エルデニ隊長は長い木の枝を持ってきて、私のかたわらの地面に突き刺した。見ると、その横に地雷が顔をのぞかせている。

「危ないからこの枝を目印にしておこう。さあ行きましょうか。くれぐれも足元に気をつけてください」


ヘリコプターは、バインツァガンと呼ばれる場所を目指している。

そこは、日本軍地上部隊がただ一度だけ、ハルハ河を越えて西岸に前進した場所である。七月の戦いの中心となる戦場だ。

あらかじめ、合流を頼んでおいたジープが先回りして現場に到着しており、降下してくる私たちに手を振っているのが見える。


それまでの六月の戦いで特筆すべきは、関東軍第二飛行集団によるソビエト基地「タムスク」及び「サンベース」への急襲爆撃である。この越境爆撃は「大戦果」をおさめた。

しかし、この出撃には日本軍がやがて暴走壊滅する伏線が張られていた。

この攻撃実行によって、戦線拡大を自重せよとの方針を立てていた東京の参謀本部と、当地の紛争処理は自分たちの権限とする関東軍の間に決定的な亀裂が走ったのである。

この出撃具申に対して東京の参謀本部は警戒を示し、六月二四日、参謀次長名で作戦の自発的中止を求め、現地と東京との連絡を密にするため東京から将校を関東軍に派遣する旨の電報が打たれていた。しかし、関東軍はこれを無視し、将校が到着する前に、この攻撃を実行に移したのである。電話による「大戦果」報告を受けた東京は、信頼していたからこそ「自発的」に中止することを求めたのだ、それを無視するとは何事かと激怒し、一方の関東軍は「決死の大戦果に対し、第一線の心理を無視し、感情を踏みにじって何の参謀本部であろう」（辻政信）と態度を硬化させた。

かくして兵士の命は、預かり知らぬ参謀本部と関東軍の相剋の下で、破滅に向かって突き進むことになったのである。

六月三〇日、第二三師団に攻撃命令が下達された。ハルハ河を渡って西岸の敵陣地を粉砕し、東岸に展開する敵部隊を背後から包囲して殲滅するといった攻撃計画である。

しかし、この渡河作戦で日本側が準備した橋は、舟を連ねて木材を渡しただけの幅二メートル余りの「浮橋」一本のみで、到底、戦車など重量兵器を対岸に運搬できるものではなかった。にもかかわらず、作戦は七月三日未明、決行される。

この日、ジューコフは日本軍の突然の渡河攻撃開始に、まず増強を固めた航空隊を出撃させた。この戦闘に航空兵として参加したニコライ・ガーニン氏は、こう語る。

「ジューコフの命令で前線近くに基地を移動していた私たちは、七月三日夜明け、バインツァガンに向けて全員飛び立ちました。

目標地点に到達すると無数のカミカゼたちが一斉に攻撃を仕掛けてきました。恐ろしかったです。想像できますか？　限られた空域で何百機という飛行機が戦っているのです。この地獄から生還するのは大変なことでした。

日本の飛行機を撃墜すると飛行士はパラシュートで脱出降下し、地上に降りるやいなや発砲し始めます。逃げるチャンスがあれば逃げますが、逃げられないと悟るとハラキリをするのです。皆、口に銃を当てて自殺しました。これはいやな光景でした。今でも思い出すとゾッとします。飛行士で捕虜になった者もいました。私が見たのは、タケダという飛行士です。彼は捕虜になったとき、自分を撃墜したソビエト兵士に会わせてくれと言いました。撃墜したのはハホフで、背の低い痩せこけた飛行士です。タケダは、こんなことがあっていいのか、俺はこのような男に撃墜されたのか、と天を仰いでハホフに一礼し、布を地面に落しました。それはこの空の勇者のために、日本の女性が二〇〇〇人で刺繍した『千人針』というものなのだと知りました。このお守りも効かなかったわけです。

地上に目を転じると、そこはまさに地獄のありさまでした。煙、炎、砂埃が立ちこめていて、兵隊たちが阿鼻叫喚の中で蠢のようにうごめいていました」

地上では、一〇日ばかり前に第二三師団に配属されていた須見新一郎大佐率いる歩兵第二六連隊が渡河を強行していた。貧弱な橋は連隊の三つの大隊のうち、ひとつしか渡し切れていなかった。そこにソビエト軍の猛烈な空爆を受けたのである。

すでに渡河を終えて西岸に達していた歩兵第七一、七二連隊は、かろうじて渡河し終えた速射砲を押し立てて戦闘に入っていた。

そのとき、バインツァガンの丘の起伏の向うから、ジューコフが増強した戦車隊が一斉に姿を現した。その数の多さに、兵隊たちは愕然としたという。ここで日本軍は捨て身の攻撃に出ている。ソビエト軍の戦闘報告書を見てみよう。

戦車や装甲車との戦いにおいて、日本軍は、地雷や液体燃料ビンなどを使った攻撃をかけてくる。

これらの死を運命づけられた狂信者たちは、我々の戦車を一番多く殲滅した。

敵は疑いもなく我々より勇敢な歩兵を持っているが、その技術装備は甚だ弱い。

（ロシア軍事史公文書館　文書番号33113－1－675－2－49／37977－1－55〜66）

具体的にはどういう状況だったのだろうか。

ソビエト軍戦車隊の機械技師として戦車の中にいたネフェド・グリコフ氏は、その時の恐怖を次のように証言してくれた。

「日本兵は穴を掘ってそこにじっと座っているのです。彼らは竹竿のようなものを持っていました。その竹竿には混合点火物のようなものがついていました。戦車の中で、運転手がこう叫びます。見てろ、あの竹竿を押しつぶして行くぞ、とね。そのとおり、我々の戦車のキャタピラがその上を通過して行きます。

その瞬間なのです。日本兵は一斉に穴から躍り出てきます。

竹竿には何か発火するものが仕掛けられていて、我々の戦車は燃え上がりました。戦車の中も大火災です。たまらず乗員は外へ飛び出します。そして、次々と撃たれてゆきました。戦車エンジンはM一七で、燃料はガソリンでした。航空機用のガソリンと同じです。そのエンジンカバーの上から、火炎ビンを放り込まれます。戦車は一瞬にして火の海になるのです。

我々の大隊には五四台の戦車がありましたが、そのうち三〇台はこのようにして全焼してしまったのです」

戦車を護衛する歩兵を伴わないまま、ジューコフは次々と戦車を繰り出した。そのため、日本兵は戦車をじゅうぶん引き付けておいてからの火炎ビン攻撃を仕掛けることができたのである。近距離からの速射砲の攻撃も効力を発し、遠路を走り続けて甲板がカンカンに熱くなっていたソビエト軍戦車は、車体を貫通されると瞬く間に炎上した。グリコフ氏の戦車も、前線から七〇〇キロ離れた基地から非常召集され、四日間休みなく駆けつけた直後にこの日本軍の攻撃を受けたわけである。

ロシア軍事史公文書館の文書は、その被害を次のように記録している。

七月三日から一二日の間に、我が部隊は、死者二一〇三人、負傷者五二二人、行方不明者三二八人、合計二九五三人の損失を出した。
戦車は、五一台の戦車が焼けて破壊された。部分的に破壊された戦車は七四台。
装甲車は、六〇台が焼かれ、七台が撃破された。
（ロシア軍事史公文書館　文書番号37977－1－55～62／33987－3－1207－32）

ジューコフもこの状況には慌てたとみえる。

前線司令部からの極秘電報によれば、五〇〇〇人以上の狙撃兵・五〇〇人の少尉・一〇〇〇人の下級指揮官・一五〇両の戦車などを、戦場に急派するようモスクワに発信している（文書番号37977－1－55－79）。

バインツァガンの戦跡に降り立った私たちは、その修羅場となった場所をジープで移動した。

丘の上にソビエト軍BT戦車が一台、東岸を見下ろして据えられていた。これは死地から脱出できたグリコフ氏がインタビューの終わりに語ってくれた戦車のひとつだろう。
「あれから六〇年経ちました。もう一度訪ねてみたいと思いますが無理でしょう。私も八三歳になりました。バインツァガンには私たちが、山まで運び上げ、鎖で縛りつけた一台の戦車が残っているはずです。あそこで戦死した兵士の祈念のために。これは私たちが戦場から立ち去るときに行いました」
戦車の脇に立って、その砲身の先を見ると、はるか下にハルハ河の流れが見えた。
この西岸高台に一時詰め寄った日本軍だったが、唯一の「浮橋」を渡ってくるはずだった援軍や物資の補給も十分ないまま、次第に孤立し、撤退を余儀なくされた。「ジューコフ元帥回想録」によれば、その状況は次のとおりである。

戦闘は七月四日の昼と夜も続き、五日午前三時になって、やっと敵の抵抗がくじかれ、日本軍は渡河点へ退却しはじめた。しかし、渡河点は、敵自身の工兵が、わが軍の戦車の突進を恐れ破壊してしまった。日本の将兵たちは完全装備のまま水中にとびこみ、文字どおりわが戦車兵たちの目前で溺れ死んだ。

（「ジューコフ元帥回想録」）

その河を、私たちは今、見下ろしている。

兵士たちは絶望的な状況を戦っていた。河を無事に渡り終えた者も、引き続き東岸で、高台から狙い撃ちする砲火の前になす術《すべ》がなかった。

この戦いで死亡したと思われる日本兵の日記を抜粋し、紹介しておきたい。西岸上陸を果たした歩兵第二六連隊に属していた兵士の日記である。彼の記録がこの戦いの一部始終、そして本質を、地を這う者の立場からもっともよく伝えている。

七月　五日　戦争とはこれか、惨烈の極みだ。目、鼻、耳、手足のないのが続々と来た。苦しむ声を聞くと、胸がつまる。

七月　七日　もう一回でよい。家に帰りたい。家に帰って父母に逢いたい。心残りだ。すべては夢に過ぎぬ。僕の人生が二十五年の長い夢に過ぎなくなってしまふのだ。憶へば平凡だった。生き甲斐のある人生だったらうか。戦友は皆、夢を見て死んだんだ。

七月一一日　死んでなるものか、これ迄折角の親の苦心を、水の泡にしてはならぬのだ。生きて必ず帰る。俺は帰ってきっと成功して、親を安心させて見せる。それまで必ず神様よ、生かしてください。

七月二〇日　愈々《いよいよ》明日は総攻撃だ。取っておいた間食は、皆食ってしまふ。果して生き残るだらうか、負傷くらいですむだらうか、神様に祈りたい、無事であって欲しい事を。

七月二五日　写真も見たくない。何もしたくない。只眠いのだ。砲はどんどん撃って来る。もう思ひ残すことはない。これが僕の人生二十五年の終局なのだ。然しこれが約束の寿命なんでせう。すべてをあきらめて。昭和一四年七月二五日

（「大高豊治陣中日記」）

ここで日記は終わっている。

この日までに、死傷した第二三師団の兵士の数は、記録によれば四四〇〇人を数えた。砲兵戦力を振り絞って西高台のソビエト軍砲兵を撃滅しようとする師団命令が実行されたのは二三日のこと。それから二日後の日付である。

ソビエト兵士もまた、この殺戮の戦場を目の当たりにして、絶望的な思いにとらわれていた。それはロシア軍事史公文書館の以下一連の極秘文書から浮かび上がってくる。

七月一二日二一時五三分　前線基地よりモスクワへの極秘電文

連隊内に政治的に危険な分子がいる。彼らは、指揮官が日本のスパイであるから殺してもよいとの煽動を行い、小隊の指揮官を狙撃した。逮捕されたのは一〇人である。

七月一二日二二時四〇分　前線基地よりモスクワへの極秘電文

この一〇人が連隊内で暴動を起こそうとした。この連隊では多くの者が故意に自分で自分を傷つけたり、一人は銃剣で自分自身を刺した。

（ロシア軍事史公文書館　文書番号37977－1－55－64～65）

この戦場から何とかして逃れようとするソビエト兵士の姿が見える。
このような兵士は続々と現れたらしい。
これに対し、ジューコフは、力で前線兵士の狼狽を押さえ込もうとしている。

第五七独立軍団への命令書　一九三九年七月一三日　ハマルダバー司令部より

我が部隊には労農赤軍の名誉ある称号を汚すような人物がいた。

例えば、九三七〇部隊ニキーチン兵士、八九七八部隊マリチェフ兵士は、戦闘において臆病風に吹かれ、戦場での兵士としての義務から逃げ出す目的で、ライフル銃で自らの左手を撃ち、さらに河を渡って攻撃をかける前にライフル銃と一二〇個の弾丸と装備を全部捨てて来た。

この軽蔑すべき臆病者に対し、祖国の裏切り者に対し、すべての資産没収の上、銃殺の決定を下した。この決定は実行済みである。

諸君に勇気と大胆さを持ち英雄的行為を行うよう訴える。軽蔑すべき臆病者と裏切り者には死を！　我が偉大なる労農赤軍の兵士たち万歳！

この命令は、末端すべての兵士まで行き渡らせるようにすること。

第五七独立軍団指揮官　ジューコフ

（ロシア軍事史公文書館　文書番号32113－1－193－27）

この文書はとりわけ印象的である。触れてきた文書の多くはタイプ打ちされた活字による整然としたものであったが、これは戦場で、手書きで書かれた命令書なのである。

ジューコフのものと思われるその筆跡は微妙に震え、書き直しの跡もそのままに、清書されずに配布されている。ジューコフの動揺すらうかがえるような文書である。

これについては、アレクセイ・キリチェンコ元KGB職員のこんな証言もある。

「私がKGB内で知り得た情報によれば、このときの戦闘で、ボルジャから歩いて移動させられ、到着直後すぐに戦闘に放り込まれた部隊があります。武器を捨て、逃げ出すものが相次ぎました。それはそうです。銃撃などしたこともないどこかの農民を集めてきたのですから。これに対し、ジューコフはその兵隊たちを集め〝粛清〟を行いました。彼は、ハルハ河戦争に当たってはスターリンよりも残酷でした。彼はハルハ河のスターリンでした。いったいどれくらいの人が戦場でこのように〝粛清〟されたか、私は書類を調べ尽くしましたが、その人数を確定できる文書は発見できませんでした」

ソビエト軍の兵士たちは、対面する日本兵とは別の「鉄の規律」という敵とも戦っていたといっていい。

その「鉄の規律」を彷彿とさせる野戦重砲兵連隊・井深錠夫氏の以下のような目撃談もある。

「ソビエト軍の戦車が三台置き去りにされていましてね。うちの部隊がみんな火炎ビン持って近づいていったわけですが、応答がないんですよ。それでおかしいと思って見てみると、いや、恐ろしかったねえ。その戦車の上、出入り口つまり天蓋ですわね、それがもう絶対出られないようにして鍵がかかっているんですよ。いったん中に入った兵士が帰還するまでは外に出られないようにしてあったんです。投降などできないようにね。そのとき、突然、戦車の内部で大爆音が起こったんです。どうやら中で自決したらしいですね。手榴弾か何かで。開けて見ました。中の兵士ですか、皆、亡くなっていましたよ」

ここまでくれば敵も味方もなかろう。

日本兵士は「ハラキリ」し、ソビエト兵士は自らを傷つけて何とかこの戦場を逃れたいと考えた。そう考えた者は「粛清」にあい「自決」を余儀なくされていたのである。

ここここそ「地獄」と呼ぶにふさわしい場所だ。

バインツァガンの丘は、沈んでゆこうとする夕陽の残照でオレンジ色に染まっていた。


その日の夜は、エルデニ国境警備隊長、サンダクオチル館長、チミッド監督、カメラマンのバヤルサイハン、トゥムルバートルと私たち日本からの三人で酒宴となった。

若い頃、酒のために散々悪さをする羽目になったのでもう断酒することにしました、というトゥムルバートル以外は皆、恐ろしいほどの酒豪ぶりで、ひとりの挨拶が終わるたびにグラス一杯のウオッカを一気飲みするのだからたまらない。たちまちウランバートルから運んできたウオッカの空き瓶が床に散乱する事態になった。

「俺は一〇年前、日本人とここで握手し会話を交わしたものだった。しかし見ろ。あれから一〇年、俺は日本人と酒を飲むことができるようになった。ハルハ河戦争六〇周年に乾杯！」

館長が音頭をとるとまた全員一気飲み。こちらもこちらで嫌いではないクルーばかりだから、その飲みっぷりがいいと盛り上がって、また杯がなみなみとなる。果ては、チミッド監督と私の飲み比べまで仕掛けられる始末となり、もはや酩酊に近い。

とっくに自家発電の電気は落ち、暗い蠟燭の中での酒宴なので、外がむしろぼんやり明るい。トイレのない部屋からふらふらと屋外に出て頭上を眺めると、酔った目に突き刺さるような満天の星が輝いている。

「光を出すな！　飛行機がそこを狙って爆撃してくるぞ！　そういわれて夜は火もおこせず、家畜を追っておろおろしていたものです。家財道具をすべて捨てて逃げました。頭の上では爆発して落ちてくる飛行機もたくさんありました。それは恐ろしかったですよ」

夕方出会った、今でもここに暮らす牧民のチョインホルさんが語っていた言葉を思い出した。ここで羊や馬を追って平和に暮らしていた遊牧民にとっても、なぜこの場所でソビエトと日本が戦っているのか、わけがわからなかったに相違ない。そうした人たちの頭上に火だるまの兵士たちが墜ちてきたのである。

ずっと、ハルハ河の先を眺めた。

兵士たちは、私たちが今いる七月、ちょうど同じ頃、ここで戦っていた。

今年は雨が少なかったために水位が低く、夏になるとハルハ河から一挙に噴き出して来る蚊の大群もない。

しかし、あのときの兵士たちは、ソビエト兵・ガーニン氏の言葉を借りるなら「板をも貫く針」を持つ蚊に血を吸われ、膨れ上がった体を砂の上に横たえていたのだろう。いや、物量と機械の差で劣る日本軍兵士は火炎ビン攻撃と夜襲に活路を求めていたとロシア側文書にあったから、夜、このような星の下で眠ることも許されなかったのかもしれない。

一九三九年七月二四日。歩兵の大高豊治が日記の筆を絶った前日、関東軍は前線に次なる戦

ソビエト軍ＢＴ戦車

闘準備のための命令を送っている。

当面の敵を撃滅するための攻撃はしばらくおいて、直ちに東岸地区で築城準備を開始せよ。なお、第一戦車団はハイラル経由で帰還させ前線を離脱させる。

そういう内容の命令である。

関東軍は、この戦争が長期化するとの読みから、草原が厳冬期になっても持ちこたえられるような「築城」を命じ、その建設作業にとりあえず専念せよという。

また、この壮絶な地上戦で日本軍が唯一頼りにしていた戦車隊を引き揚げるという。

日本軍八九式中戦車は、機動性に優れていたものの対戦車用の砲を持っていなかったために、ソビエト軍主力ＢＴ戦車の前面装甲を撃ち抜くことができなかった。片や長い砲身を持つＢＴ戦車の弾は初速が速く、次々と日本戦車の甲板を貫通し破壊していった。この被害を関東軍は恐れた。

人間より戦車の被害を、である。

関東軍の「修正軍備充実計画」によれば、ハルハ河に出撃していた第一戦車団は、その後の関東軍戦車拡充計画の柱となるべく予定されていた戦車隊である。したがって、戦車の損耗をこれ以上避けたいというのが本音だったのだろう。かくして、兵士たちは戦場から戦車も奪われ、白兵戦に賭けるしか生き残る手段がない状況に追い詰められていった。

六〇年前も変わらなかっただろうこの暗黒の帳《とばり》の中で、しかし、ジューコフは動き出していた。長期持久戦に備える関東軍を尻目に、彼は、闇夜に紛れて、短期集中決戦で決着をつけるための最後の戦力増強に力を注いでいたのである。

その背景には、スターリンの意図が直接、働いていたとも考えられる。

この頃になると、ヨーロッパ情勢が火を噴きかけていた。

最も警戒すべきナチス・ドイツは、オーストリアを併合し、チェコ、スロバキアに勢力を伸ばしていた。もはや残されているドイツの次なる狙いがソビエトに直接国境を接するポーランドに向けられていることは明らかだった。そうなればイギリスとフランスの対ドイツ参戦は確実な情勢となる。スターリンは、英仏に接近してヒトラーを牽制するとともに、一方ではドイツとの相互不可侵条約を結ぶ道も探るという瀬戸際に立たされていたのである。

ヨーロッパがこのような状況にあるときに、アジアのモンゴルで日本側が狙うような持久戦に持ち込まれては、早晩、ドイツをも相手にする「二正面戦争」に突入してしまう可能性が高い。兵力を分散させられた軍隊に勝ち目はない。ひとつずつ決着をつけるべき時機が来ていた。

「大丈夫ですか。桜井さんと鈴木ちゃんが呼んでますよ」

闇の中で声がする。トゥムルバートルがにっこり笑っているようだった。

「ああ。すぐに戻ります」

「モンゴル人っていい人ばかり。でも気をつけてください。お酒飲むと嬉しくて嬉しくてケンカになる人もいます。力比べだなんて言ってね」

「そうですか」

「ウランバートルに小渕首相がおみえになったようですね。ニュースでやってました」

「え、日本の小渕首相ですか？　今、モンゴルに来ているんですか？」

「はい。馬をね。馬をプレゼントしたそうですよ、モンゴルから。喜んでいたそうですよ」

「そうですか。六〇年経ってるんですね。やはり。首相一行はここまで来ることなんかないんでしょうね。ハルハ河に。僕たちはあともう一週間くらいここにいたかったなあ」

食堂の方から、大きな笑い声が起こった。

また一気飲み競争が始まったらしかった。

「ハルハ河で例のスパイをやっていたお爺さんの知り合いを見つけましたよ。四〇〇キロ離れた町に住んでいるようです。明日からはそういう取材もありますよ」

「見つかりましたか！　そうですか。じゃあ、そっちも行かなきゃならんですね。ありがとう」

記念館の庭で野ざらしに置かれているソビエトBT戦車が一台、月光の中で鈍色に沈んで見えた。


ハルハ河戦争は、いよいよ終盤に差しかかる。ソビエトが決戦に出た八月である。

一九三九年八月。すでに戦車団を前線から引きあげ、兵士たちに冬ごもりの「築城」準備を開始させていた関東軍は、一二日に入ると、戦争に不可欠な敵情偵察のための飛行も行わなくなっていった。前述の井深錠夫氏は当時の状況をこう記している。


一挙に車両を失った隊は物資輸送ができなくなったのでハイラルの兵器廠へ行き、トラック八台を受け取ってきた。

牛・馬・羊等が数多く野生しているので兵隊たちは時々小銃で射止め解体し、食事に提供してくれた。召集兵たちは仕事も色々で魚屋、肉屋あるいは屠殺場で働いていた人たちがいるから牛馬の解体は慣れたもの、切断して他の部隊に配給した事があった。

当時、日本軍が朝鮮で登用した若い娘たち三〇人位が慰安婦として前線に来た。天幕を張った簡単な休憩所を作り兵隊たちは交互に楽しんでいた。（私家版『壮絶　ノモンハンの戦い』）

一方、その間、対するソビエト・モンゴル側は、ソビエトの精鋭部隊を集中してもなかなか完全勝利できない苛立ちの中で、一挙に決着をつけるべく水面下で次なる作戦を準備中だった。ジューコフの作戦概要は以下のとおりだった。

われわれは、これからの作戦の決定的なカギは、作戦・戦術的な急襲にかぎると思った。日本側が精鋭戦車兵団や自動機械化部隊をもたないので、日本軍は第二義的な地区ないしは自軍の縦深部から部隊を敏速に投入することはできないだろうということだった。

われわれは敵に、我が軍は攻撃的ななんらの準備もしてないとの印象を与え、かつひたすら防御陣地だけの構築を広範囲に進めているかのようにみせかける努力をした。このためにすべての移動、集結、再編成は敵の航空偵察や肉眼監視が極度に制約される夜間に行うことになった。

八月作戦の準備に当って、敵を綿密に偵察するためには特別の注意を払った。敵の情報を知る困難さは、作戦地域内でなんらかを知ることができるはずの非戦闘住民がいなかったことで倍加された。

（「ジューコフ元帥回想録」）

戦車を帰し、ほかに優れた機械化部隊を持たない日本軍は、短期急襲の殲滅作戦を行えば、後方支援もなく瓦解する、という狙いである。急襲攻撃をかけるためには、短期で決着をつけるに足る十分な兵力を準備し、かつ、それを相手にまったく気づかれない状況で行わなければならない。

そのためにジューコフが取った戦略は、「偽装工作」「偵察活動」を柱としていた。

まず、「偵察活動」から見てみよう。

ジューコフは、民間人を装ってスパイとして潜り込ませることが難しい地域だったと述べている。しかし、この地に精通しているモンゴル軍にとって、打つ手はあった。

私たちは、ハルハ河地域から東に日本・満州国側陣地の奥深く入り、スパイ活動を行ったという一人のモンゴル人・バルダン氏に出会うことができた。彼によれば、スパイ活動を命じたのはチョイバルサン首相。目的は、関東軍の敵情察知能力を探ることと、その部隊配置の確認にあったという。

彼は、八三歳になるこの時まで、誰にも語ることなくこの事実を隠し続けてきた。たとえそれが自国のためのスパイ活動であったとしても、ひとたび日本側と接触した過去を持っている者は、その後、ことごとく粛清されたからであるという。事実、バルダンさんの仲間もすべて戦後、銃殺されてしまった。ソビエト連邦が崩壊し、モンゴルに自由化の波が押し寄せても、彼は一〇年間、その動きを信用せず、沈黙を守り続けてきたのである。

「チョイバルサンが私を呼んでこう言うのです。『わが国境周辺にある寺院はみな日本軍の基地になっている。これは好都合だ。ラマ僧に化けてそこに行き敵情を探って欲しい』。私は子供の頃から読経が上手で、声も良かったのです。モンゴルには粛清によってラマ僧はもういないと思われていましたから、本物と出会って見破られる心配もなかったし、日本軍も粛清を逃れて来た僧だろうくらいにしか思いません。

日本軍は、戦闘がいったん中休みになると、上官はハイラルに戻ったり温泉に行ったり、よく戦った兵士たちは慰安婦のいるところへ行かせたりしていて、基本的に無防備でした。私は偵察とともに、燃料貯蔵庫の爆破などの工作も行いました。

バルダン諜報員

偵察には何百回となく出かけました。そのうち二度、非常に危険な目に遭ったことがありました。一度は日本軍に捕まったのです。拷問を受け、夜、監獄に捕らえられていると誰かの声がします。その人は私に、手錠ははめられているか、と問いました。私が、いいえと答えると、塀をよじ登れるか、と聞いてきます。私ができると言うと、その男は私を牢から出し、懐から馬のくつわを取り出して、これで帰れるよ、と言うのです。向こうに足かせをはめられた馬がたくさんいるから、どれかを捕まえて帰りなさい、とね。私が思わず名前を尋ねると、そんなことはどうでもいいから早く行け、という。彼は満州国軍側のモンゴル人でした」

バルダンさんの偵察情報は、彼が戻るたびモンゴル軍にあげられ、日本軍がソビエトの水面下の作戦に特別の注意を払っていないことが明らかにされていった。

次に、ジューコフはどのような「偽装工作」を行っていたのだろうか。

これについては、ロシア軍事史公文書館にも記録が残されている。

八月二〇日から三一日までの包囲殲滅作戦報告書

集団軍司令部は、事前に作成された「準備措置計画」を司令部高官しか閲覧できぬようにし、すべての事前準備を秘密厳守のもとで実行した。

司令部は作戦開始のための偽装工作の目的を次のように定めた。

敵に、我が軍は防御準備をしていて何の兵器集結も行っていないとの印象を作り出すこと。

軍隊は偽装の設備を建設したり、夜間に最前線陣地において建設作業の音を大きく出すことによって敵を混乱させた。多くの偽装電話、無線電報も出された。

（ロシア軍事史公文書館　文書番号32113‐1‐675‐2‐49）

この「偽装工作」に関わった音声工作員がいる。

アレクセイ・モロゾフ氏。彼とは、ハバロフスクで会うことができた。

「私たちはモスクワから派遣されました。工作の発案者はジューコフだったと聞いています。彼は、このアイデアを後にドイツとの『大祖国戦争』でもより大がかりに実行することになったのですが、このときはまだ実験が終わった段階で、まさにハルハ河で最初に試された戦術だったのです」

――どのような工作を行ったのですか？

「装置は四台ありました。直接、最前線に移動させた低周波チャンネル装置、高周波チャンネル装置などがありました。スピーカーは一〇〇ワットのものでした。月が出ない夜、私たちはそれらの機器を据え付けて、テープを順番に流しました。土木工事を行っているような作業の効果音です。木材を運んできて何かを建設しているような、木を切る斧の音だとか、つまり私たちが防御のための作業を行っているかのような印象をつくり出そうとしたのです」

――効果はあったと思いますか？　それを確認できましたか？

「日本軍の捕虜がいて、彼らはソビエト軍が防御長期戦に入ったと信じていたと話しました。日本の司令部もおそらくそう考えていたと思います。効果はてきめんでした」

――日本軍捕虜がいたのですか？

「はい。私たちの部隊の任務には、もうひとつ日本兵に投降の呼びかけを行うという作業がありました。私たちは捕虜が自分の同胞に向けて事態の真実を呼びかける声を録音して流しました。通訳は捕虜たちとの話を通して、兵士のふるさとや日本国内の政治状況を探り、それを録音して流したりもしました。最初のうちは、日本兵はマイクの前に立とうとはしませんでした。しかし、八月末、戦況が決定的になると、マイクの前に立つ日本人もいました。投降すべきだ、みすみす死ぬな、と。捕虜になってもソビエト軍は俺たちを殺しはしないぞ、人間としての扱いを受けているぞ、と」

日本人捕虜がこのとき、どのような気持ちでマイクの前に立ったのかはわからない。自発的な気持ちだったのか、ソビエト軍に強制されてのことだったか確かめることもできない。

捕虜の問題は次章に譲るとして、ここでは「偽装工作」に焦点を当てよう。

このように、ソビエト軍は日本軍が長期戦の構えに入ったことを見通した上で、自分たちも同じように「築城」準備に入ったとみせかけ、一方では夜間、その「効果音」に紛れて六〇〇キロ以上離れた兵器基地から続々と追加増強兵器の運搬を行っていた。ジューコフの記憶によれば、道なき草原の道、往復一二〇〇～一三〇〇キロの物資移送は五日間で行われている。これは、大型兵器の大量輸送は不可能と考えていた日本軍の予測を大きく裏切るものであった。

この段階でもはや、勝負はあったといっていい。

一九三九年八月一七日。急襲短期決戦の準備がすべて整ったと判断したジューコフは、前線司令基地ハマルダバー地下壕で、全軍に向けて突撃の指令を下す。

第一集団軍司令官軍事指令書　ハマルダバー　一九三九年八月一七日二〇時

一九三九年八月二〇日の朝　第一集団軍部隊は、ハルハ河と国境線との間のモンゴル人民共和国領土にて日本・満州国軍を包囲し、完全に殲滅させる目的で決戦に移る。

第一集団軍司令官　ジューコフ

（ロシア軍事史公文書館　文書番号32113－1－670－30～34）

ジューコフが立てた作戦は、日本軍主力部隊を左右両翼から打撃し、ハルハ河東岸にこれを包囲して殲滅するものであった。ソビエト・モンゴル軍中央集団が正面攻撃を仕掛けて日本・満州国軍をその位置に縛りつけ、左右から主力部隊の南北各集団が挟み撃ちにするという作戦である。その上で完全に退路を絶って包囲陣の中に取り込み、殲滅を図る。

突撃の前日、司令部は最後に全軍の士気を次のように鼓舞する。

全部隊指揮官宛て
最終目的　敵を包囲殲滅すること
卑劣なサムライどもへの憎しみを燃やせ！
攻撃時には先頭を見習え。遅滞、狼狽は死を意味する。敵は急襲を恐れている。
隣の者を助けよ。隣の者を助けることは身を助けることにつながると肝に銘じろ。
隊との連絡は絶つな！
捕虜をとらえることに努めよ。抵抗するものは殲滅せよ。
突入時には固まって入るな。突撃体制は梯形にせよ。
（ロシア軍事史公文書館　文書番号32113－1－197－84）

一九三九年八月二〇日午前五時四五分。

ソビエト・モンゴル軍の急襲攻撃が開始された。

この日がどうして選択されたかは、様々に理由がある。

ジューコフによれば、急襲を予期していなかった日本軍の将官や高級士官たちが日曜休暇でハイラルなどに帰り、前線が無防備になっていたからだという。

またもうひとつ、重大な展開がモスクワで起こっていたことも見逃せない。

実はこの二〇日。スターリンはヒトラーから「独ソ不可侵条約」締結の了解を告げる電文を受け取っているのである。スターリンはついにイギリス・フランスと結んでドイツを牽制する国際戦略を捨て、ドイツと結ぶ決断を下した。一見、ドイツとの戦争が回避できたかのように思われるが、ことはそう単純ではない。ヒトラーにしてみれば、ソビエトととりあえずの「不可侵」関係を結ぶことは、かねてから狙っていたポーランドへの侵攻を可能にすることでもあるからである。ポーランドに侵攻してもすぐにソビエト軍がなだれ込んでくることはない。

一方、スターリンにしても「不可侵」をそのまま信じきるほど甘くはなかった。この「不可侵」関係は、ドイツのポーランド侵攻を促すことは承知の上である。

それゆえ、この段階に至っては、もはやアジアに戦力を縛りつけたままにしておくことはできない。「独ソ不可侵条約」締結が確実となった以上、もはや一刻の猶予もない状況なのである。このヨーロッパにおける状況とハルハ河の全軍総攻撃との関係を直接示す資料は見出し得なかったが、これは余りにも符合するタイミングである。

複雑な国際関係のギリギリの攻防が、ハルハ河に影を落していたといっていい。

二三日に正式締結された「独ソ不可侵条約」の報せを受けた時の平沼内閣が「ヨーロッパ情勢は複雑怪奇」という言葉を残して辞職したのとは極めて対照的である。

八月二二日　晴、暑。

敵の優良戦車現出。

ＢＴ戦車はガソリン車にして、サイダ壜攻撃の為め容易に焼却炎上せしめ、我軍をして戦車攻撃を恐れず、寧ろ之を興味に覚え、必勝の信念甚だ大なるものあり。然るに、新に現出せる戦車はガソリン車にはあらず。サイダ壜を以て肉薄攻撃するも効果なく、我軍をして失意せしめたり。

（「小松原道太郎日記」　原文、カナ書旧字体）

第二三師団・小松原道太郎師団長の日記である。

ジューコフは、七月の戦いで手痛い目にあっていた日本軍の肉弾火炎瓶攻撃に対しても、半月間の準備期間で着実に手を打っていたことがわかる。

この八月の戦場に現れた戦車の燃料は、発火しやすいガソリンではなく、燃焼しにくい特質を持つディーゼル油に切り替えられていた。このため、再び肉薄攻撃で戦果をあげようと果敢に飛び出していった兵士たちは、次々と戦車になぎ倒されることになった。

日本・満州国軍は完全な消耗戦に入り、後方から逐次投入される部隊がたどり着く頃には原部隊が壊滅しているような状況で、兵力増強には到底ならず、第二三師団は、ジューコフの作戦通り、二四日まではソビエト・モンゴル軍に完全包囲されてしまった。

ソビエト軍はこのとき、戦場で小松原師団長の最後の抵抗作戦指令書を拾い上げ、以下のように断じている。

奪取した一九三九年八月二三日一四時付けの第二三師団小松原師団長の指令書によれば、「主力師団は後方から敵の右翼方面を攻撃するため転進。これによって敵を左翼に深くおびき寄せ、両翼と後方から敵に決定的打撃を与えよ」というものだった。

上記の指令が実行不可能であることを確認するのはたやすい。指令は実行されなかった。われわれは、このサムライの戦術を嘲笑したものである。

日本軍は、この反撃を予定していた日に完全に包囲され、次第に殲滅が明らかになってきた。日本軍司令部に先見の明があったなら、日本軍のかなりの部隊は、救うことができただろう。

(ロシア軍事史公文書館　文書番号32113-1-675-2~49)

ここに「投入」された一線の多くの兵隊たちは何を思っていたのだろう。

中国吉林省には、満州国建国以来の関東憲兵隊が行った膨大な郵便の検閲史料が残されている。関東軍にとって不穏不利な状況を書こうとした人々の手紙を検閲し、憲兵隊が握りつぶそうとしたものである。これらは一九四五年八月の関東軍敗走の際、焼却処分されたが、時間的に切迫していたため完全焼却できず地中に埋めていったものもあり、それを後に吉林省が発掘した。この幻の史料が、早稲田大学の小林英夫教授と院生の加藤聖文氏によって明るみにされ、『世界』(岩波書店)誌上で一部が公開されている。

この史料には、ハルハ河戦争で、この八月の戦いに参加した兵士の手紙も数多く残されている。そのうち二つを挙げておきたい。

近代兵器の粋を集めたソ連と戦うことは肉弾や精神では矢張り駄目で、草木のない平地を攻撃するなんて無暴です。（東京宛・八月二〇日）

ハルハで日本軍が三千も三日に死んだです。旭川二十七連隊と言う。気の毒でなりません。陸軍病院は戦傷患者で一杯で一週間に二百五十名位づつ大連の方に送ってやるんですが、前線からどんどん来るです。内地の新聞なんか日本軍が勝った様に書いてあるが実際には負けている状態です。（北海道宛・八月七日）〔いずれも原文はママ、カナ書旧字体〕

日本・満州国軍は、こうして壊滅した。

第二三師団に限った数字でいえば、ハルハ河戦争全期間を通じて出動した兵士の数一万五九七五人、このうち戦傷病者の数一万二二三〇人。損耗率は実に七六パーセントに達している（師団軍医調べ）。

ヨーロッパの常識でいえば、損耗率三〇パーセントに達した部隊は現場指揮官の独自判断で撤退を許されるという。いかに大量殺戮の戦場であったかが、この数字からも理解できる。

私たちは、ヘリコプター上空から、その死地を見下ろしている。

「レミゾフ高地です」

チミッド監督が、そう言ってかなたを指差す。

前方に小高い、標がなければ何の変哲もない草に覆われた丘が見えてくる。

開け放たれたヘリコプターの乗降扉から猛烈な風が吹き込む。それを真正面から受けてカメラを構える桜井が、パイロットに上空旋回を指示している。

一九三九年八月二八日二一時〇〇分　モスクワ受信・極秘電文
モンゴル人民共和国国境を侵犯した日本・満州国軍は、第一集団軍とモンゴル人民共和国部隊によって、完全に包囲され、殲滅されました。
当地時間八月二八日二二時三〇分。敵の最後の拠点高地「レミゾフ」が一掃されました。
モンゴル人民共和国の国境は、ここに完全に回復いたしました。
ジューコフ
（ロシア軍事史公文書館文書番号33987－3－1255－162）

第七章　虜囚　それぞれの戦後

幾世の後　歴史の墓をあばくもの　ありやあらずや　ただにねむりぬ

――斎藤　史
（歌集『魚歌』より）

「まだ、負けていたわけではない」

と、語る人がいる。

八月二八日のジューコフによる勝利宣言（前章記述）が出て、第二三師団が全滅に近い敗北を喫していたにもかかわらず、関東軍司令部はいまだ、この戦争を終わりにしようとは考えていなかったのである。

八月三〇日・九月三日の両日、東京の参謀本部から二通の「大命」が関東軍に下っている。

「作戦終結に関する大命」（大陸命第三四三号）と「攻勢中止の大命」（大陸命第三四九号）である。前者は、関東軍に対し小兵力のみで持久策をとることを促した内容のものであり完全終結命令とはならなかったが、後者においては、作戦の完全中止と兵力の戦場外地域への退却を命じたものであり、これによって、植田関東軍司令官も「ノモンハン事件」における全作戦の中止を命じる関東軍命令を示達。ここに戦闘はすべて終りを告げたはずであった。

しかし、戦闘は続けられていたのでる。

しかも、それは「停戦協定」が結ばれる九月一六日の直前まで続けられていた。

九月の戦闘は、事実上の決着がついた後の争いだということで看過されがちである。しかし、この「大命」も「関東軍命令」も脇において続けられた戦闘によって、モンゴルはかけがえのない「領土」を失うことになるのである。

九月の戦いは、ハルハ河の東・支流ハイラスティーン河を遡った、エルス山・ヌムルグ河・マナ山地域を主な舞台としていた。

関東軍歩兵第一六連隊は驚くべきことに、戦局が決した後の九月一日、初めてこの戦場に駆り出され、八日・九日の戦闘によって一八八人の戦死者を出している。

まさに、死に死を重ねる「やりきれない」犠牲とは、このことだろう。

問題は、なぜ戦闘が続けられていたかである。

モンゴル戦史研究所長を務めたプレブドルジ氏は、この戦闘と、九日からモスクワで始められていた停戦協議（モロトフ・ソビエト外相と東郷日本大使の会議）との間に何らかの関係があったのではないかと推測している。

九月の前半にいくつかの戦闘があったのは、有利な地域を確保したいという目的があったのだろうか。会議と九月前半の戦闘とは何かの関係があったかどうか。この問題についての解答が出れば興味深いものになるだろう。

この九月の戦闘のもっとも重要なポイントは、マナ山地区の戦闘によって、マナ山というモンゴル人民共和国固有の領土が、わが国の外側に取り残されたということである。

（『ノモンハン・ハルハ河戦争　国際学術シンポジウム全記録』）

九月の戦いを行っていた軍とモスクワの東郷大使の間に緊密な連携があったかどうかは定かではないが、少なくとも、東郷大使は「ソビエト・モンゴル側がかねてから主張していた国境線」で同意することを拒み、結局「九月一五日段階の占拠地点にとどめる」という提案を行い、ソビエト側に認めさせている。ソビエト側には、ドイツのポーランド侵攻（九月一日）を受けてもはや日本側と硬直した交渉をダラダラ引き延ばしている余裕はなかった。

日本からすれば最後のゴリ押しが通った形であるが、モンゴルからすれば、あれだけの戦いを重ねながら自分たちの領土を完全に死守奪回できなかったことになる。大国の力学に翻弄される側から見た「戦争」の視点として、このことを忘れてはならない。

この戦争でモンゴル軍が出した被害は、最近のモンゴル戦史研究所の調査報告書によれば、死傷者九九〇人（内戦死者二八〇人）であり、全体の七五パーセントを占めたのは一般兵士であった。


日本はこの「戦後」をどのように受け止めていたのだろうか。

九月七日を皮切りに、東京・参謀本部は、この戦争の責任を問う人事異動を発令しはじめる。関東軍では、植田司令官、磯谷参謀長が予備役に編入されたが、参謀クラスはすべて転属になったのみで厳しい処断が下されることはなかった。

ハルハ河戦争の関東軍暴走の端緒を開いたといっていい「満ソ国境紛争処理要綱」の起草者とされる辻政信作戦参謀は中国・漢口の第一一軍司令部付となって予備役を免れている。ちなみに彼は、この後、一九四一年七月、晴れて東京の参謀本部に配属され、作戦課戦力班長に就任。アジア太平洋戦争においてシンガポール攻撃作戦、ガダルカナル戦の作戦指揮をとった。同じ戦法をとって兵士たちを「玉砕」に追い込んでいる。さらに書き加えるならば、一九四八年、日本に帰還（タイで捕虜虐殺容疑をかけられ、潜伏しての帰国となった）、その四年後には、驚くべきことに石川県一区の最多得票数を獲得して（つまり石川県在住の国民が選んで）国会衆議院議員に当選している。

陸軍は戦後「ノモンハン事件研究委員会」を設置し、日本軍の「改善」に資する調査を行っているが、ソビエト軍に手痛い目にあった教訓として、機械化・火力兵器の物量拡充の必要性が打ち出されたものの「そうは言うが、日本にはそれをつくる資源がない」というような論調で無視された。本来ならば、ここで自国生産力を冷静に見つめて軌道修正すべきであったと思われるが、結局は「物量に対抗するは精神力」的な結論に落ち着くという結果になるのである。また、関東憲兵隊による検閲は「ノモンハン事件」以降、急激に強化され、国民はこの「事件」の真相を知らされることがなかった。

関東憲兵隊の職員の証言によれば、この敗戦の責任をとらされたのは、軍幹部ではなく、もっぱら現場将校であった。即決裁判が行われ「裁判官は終了後、将校には拳銃を与え、何もいわずにさっさと引き揚げたという。その直後、憲兵といえども将校室に近寄ることを禁ずとの命令が出、間もなく拳銃の発射音がひびいた。自決だった」（フォトジャーナリスト新井利男氏による聞き取り調査）という状況であった。実態は、元関東憲兵隊司令部警務部長・斎藤美夫の戦犯供述書（『侵略の証言』岩波書店）にも詳細に綴られている。

戦場から生還したものの「自決」に追い込まれた部隊長には、捜索第二三連隊長・井置栄一中佐、第八国境守備隊支隊長・長谷部理叡中佐、歩兵第七二連隊長・酒井美喜雄大佐などがいる。いずれも部隊独断で死守すべき陣地を捨て撤退した、という責を負わされての「自決」であった。

ハルハ河を勝ち抜き、戦勝報告でモスクワに上がったジューコフは、スターリンに対して、次のように語ったという。

彼ら（日本兵）は戦闘に規律をもち、真剣で頑強、とくに防御戦に強いと思います。若い指揮官たちは極めてよく訓練され、狂信的な頑強さで戦います。若い指揮官は決まったように捕虜として降らず、「ハラキリ」を躊躇しません。士官たちは、とくに古参、高級将校は訓練が弱く、積極性がなくて紋切型の行動しかできないようです。（「ジューコフ元帥回想録」）

ジューコフが恐れていたのは、戦術戦略を指揮する士官や高級将校ではなく、いかに不条理で理不尽きわまる命令を受けても恐れずに立ち向かってくる「狂信的な」前線の兵士たちであった。

ジューコフは、ハルハ河戦争の勝利を勲章に、この後、ドイツを相手とする「大祖国戦争」（第二次世界大戦）で指揮をとることになった。縦深陣地に引き込んでの包囲殲滅作戦、偽装工作による攪《かく》乱戦法など、ハルハ河で初めて試され成功したジューコフの戦術は、そのまま対ドイツ戦でも活用されてゆく。

九月一六日の「停戦」を受けて、戦火のやんだハルハ河の戦場では、兵士の遺体を収容する作業が進められた。

その時の「戦後」の草原の惨状を、モンゴル軍騎兵隊兵士だったラハスレン氏は次のように語る。

「臭いがひどく、近づくことができないような有様でした。蝿やら虫がいっぱいたかっていました。鳥に啄まれた遺体は真っ赤な肉の塊のように見えました。原型をとどめている遺体はまずないといっていいでしょう。足一本、靴片方が見つかるという感じで。大砲や手榴弾、機関銃の弾を受けてバラバラになっている上を先頭の戦車が轢く、更に次に轢かれる、そこにまた砲弾を食らう、そんな状態です。協定によって白旗を掲げた兵士がやってきて、日本兵たちがそうした死体を引き揚げてゆきました。こんな場所で本当に気の毒だと、その時は心から思いました」

実際に遺体の収容作業に携わった元野戦重砲兵第七連隊曹長・井深錠夫氏の証言。

「ソビエト兵の遺体っていうのはほとんど見ないんですよ。日本は戦闘中、亡くなったり傷ついたりした兵を（戦場に）置いてきちゃうのが多かったのですが、ソビエトはその場でどんどん回収して片付けてしまったらしいんですね。それで、遺体があまりない。

遺体の収容作業はですね、ハイラルから薪を持ってきて、それを所々に積み上げて、そしてその薪の上に遺体をのせて重油をかけて焼くわけです。

火葬期間は一〇日間と決められていたけれども、とてもとても終わらない。そこで、仕方がなくて兵隊の戦死した遺体のですね、小指。小指だけみんな持って来たんですよ。それを何というか魚を焼くような形で網にのせて焼いて、それで骨にして持って来たんですよ。誰の指かは遺体の認識票で確認してますからね。それをご遺族に届けたというようなわけです」

戦場で命を落したのは、戦闘で負傷して亡くなった兵隊ばかりではない。

負傷して取り残され、逃げ場を失って「ハラキリ」する日本兵を見た、というソビエト兵の証言はすでに前章で紹介したとおりである。脱出できない戦車の中で自爆したソビエト兵がいたという証言もあった。

このように、幸いにして命を拾っても、敵軍につかまり捕虜になることを拒否して「自決」する者が戦場には少なからずいたにちがいない。

戦死者の中には、そういう兵士たちも含まれているのである。

捕虜になって生き残った者はどうだったであろうか。

アジア太平洋戦争において「玉砕」「自決」が南洋や沖縄で相次いだことは、周知の事実である。「生きて虜囚の辱《はずかしめ》を受けず」という日本軍の「戦陣訓」が大いに影を落していることもよく知られている。

このハルハ河戦争においては、日本軍のみならず、ソビエト軍の間でも捕虜となることを厳しく罰するルールが存在していたようだ。

捕虜交換でソビエト軍に帰ってきた自国兵士の運命を、ソビエト軍狙撃連隊軍曹であったイサーク・ムルリド氏は次のように語っている。

「捕虜になって戻って来た人は、すぐに本国に返されました。捕虜になったということは、すなわち『人民の敵』を意味していたのです。スターリンの命令のようなものがありました。もう、お前らは二度と兵役につくことはないだろう、人民の敵なのだからな、ということです。彼らはソビエトに戻されます。そこで待っているのは内務人民委員部でした」

捕虜となって帰国しても、受け入れてくれるのは家族ではなかった。

内務人民委員部――スターリンの粛清政策を推進した機関である。捕虜の多くはその「粛清」の対象となった。ある者は銃殺され、ある者はシベリアのラーゲリに送られたという。

自国の捕虜を大切にしない国家は、必ず、相手国の捕虜をも痛めつける。

ソビエトは第二次世界大戦で捕らえた多くの日本人捕虜をシベリアに不当に抑留させ、苛酷な労働を科し、殺していった。

しかしそれは、そのまま、日本にはねかえる問題でもある。

アジア太平洋戦争で、日本は数多くの連合国捕虜を虐待した。

タイ、ビルマ（現在のミャンマー）国境地帯で行われた泰緬鉄道建設は、その代表的な例だろう。日本軍は、オーストラリアをはじめ連合国側の捕虜たちを殺人的な鉄道敷設労働に使役し、虐殺していったのである。捕虜監視という最も捕虜から憎しみを受ける役割には、朝鮮半島から徴用した軍属の青年たちを当てた。彼らには捕虜虐待を禁じた国際ルールである「ジュネーブ捕虜条約」（後述）があることなど露ほども教えられていない。むしろ、命乞いして投降し捕虜になったものなど軍人精神にもとる軽蔑すべき者たちなのだという「戦陣訓」が叩き込まれたのである。戦後、アジアの各地で開かれたBC級戦犯裁判で、捕虜虐待の罪で処刑されていった者の中に、そうした人々がいたことを忘れてはならない。彼らに捕虜使役を厳命した日本人上官が告発を免れて罪を裁かれることもなく、ぬくぬくと帰国する者もいた中で、である。

ロシア軍事史公文書館には、多くの日本人・満州国人捕虜の記録が眠っていた。

捕虜関係文書は、捕虜の名前を記した「捕虜名簿」と、捕虜に対する尋問の結果を記した「捕虜尋問調書」に大別できる。

まずは「捕虜リスト」から見てみよう。

今回、私たちが公文書館で直接調べることができたリストは二種類あった。

ひとつは、文書番号37977-1-63-47-48文書である。

ここには、日本人二四人、バルガ人（満州国側に組み込まれたモンゴル人・バルガ族）四四人、中国人二人、その他のモンゴル人一人の捕虜の名前と所属部隊・階級がわかる範囲で書かれている。ソビエト軍第九四八一部隊長・ゴォルシコフ少佐のサインがあり、彼がこの人数の計算を行ったと思われる。文書には手書きで追加されている数字もあり、最終的な数字は日本人で六人、バルガ人で一人の追加のあとが見える。

捕虜交換で返されたかどうかの記述はなく、この名簿作成時以後の彼らの運命を知ることはできない。唯一書かれているのは、この七一人の捕虜（追加分を含めると七八人）は、五月から七月までの捕虜だとされていることである。

ところどころ印刷が不鮮明で文字を判読できない箇所があり、また日本人らの氏名がロシア語に音写されているため、不自然な名前も混入している。

とりわけ重要と思われるのは、文書番号32113－1－294－61～65文書である。この文書は、冒頭に「返すべき人数は八九名」と手書きで書き込まれたメモがあり、この名簿が捕虜交換の時の基礎名簿になったことを示している。

さらに興味深いのは、この文書のタイトルが「捕虜交換後の捕虜名簿」とされている点にある。つまり、このタイトルを額面どおり信じるならば、これは、捕虜交換が終わった後で、引き続きソビエト側に残された人数を示しているのである。

捕虜となった日本軍兵士たち

捕虜の数は総数九五人。日本人五五人、バルガ人四〇人、という内訳である。

『日本人捕虜（上）』（秦郁彦著・原書房）によれば、捕虜交換は二回に分けて行われている。第一次交換は、停戦一一日後の九月二七日で、このときは日本側から八七人、ソビエト側から八八人の捕虜が返された。残余捕虜については翌年四月二七日、ソビエト側から一一六人、日本側から二人、交換されているという。

以上の数字が正解だとするならば、第一次交換で返された八八人に加えて、少なくともここに記された九五人がいたはずである。第二次交換で返された一一六人のうちの九五人の名前かもしれない。

私は、この名簿が第一次交換で返されず、引き続き残された捕虜である可能性が高いと考えた。

注意深く名簿を見てゆくと、捕虜の名前の横に小さく手書きのロシア文字がチェックされたように書き込まれていることに気づく。

「残す」という文字であった。

このチェックが付された捕虜の数は六人。この名簿の捕虜の総数が九五人。総数から「残す」捕虜の数を差し引くと、八九人。冒頭の「返すべき人数」の数と一致する。

ここで、残されたと考えられる六名のリストをあげておく。

残す　兵士　歩兵第七二連隊　スエマツ・カズオ
残す　兵士　歩兵第七一連隊　テヅカ・ヒイキチ
残す　兵士　砲兵第一連隊　トダ・ホジロウ
残す　兵士　　イダ・キンタロウ
残す　兵士　第五騎兵隊　segschik
残す　兵士　第七騎兵隊　arikchin

以上、日本人四人、バルガ人二人である。

さらに、このリストが第一次交換後の名簿であることを示す記述が残されていた。

タイプ打ちされた捕虜名簿の余白に、一九九頁に掲げたような筆算による手書きの計算表が残されていたのである。

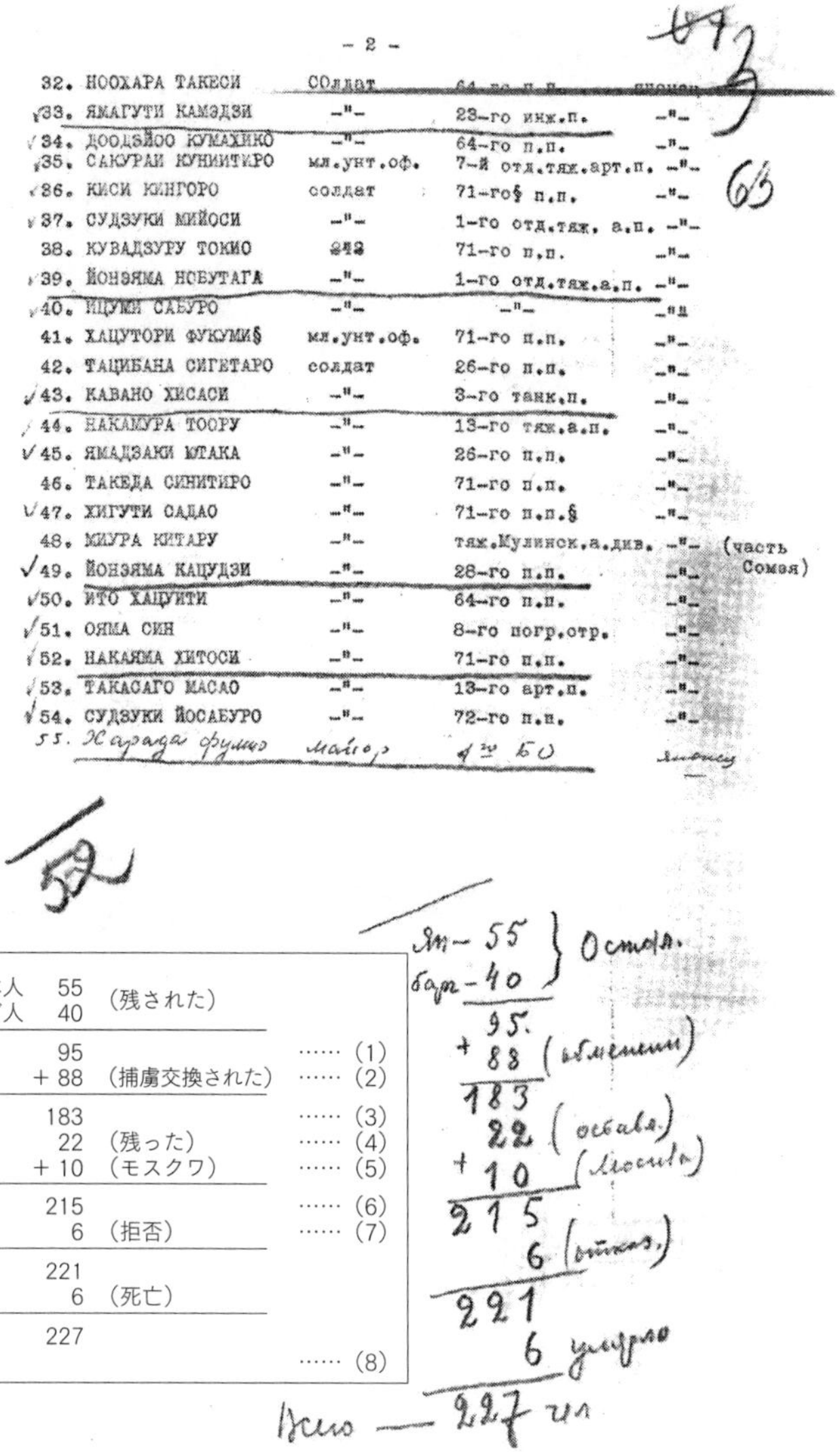

- 2 -

32.	НООХАРА ТАКЕСИ	СОлдат	64-го п.п.	японец
33.	ЯМАГУТИ КАМЭДЗИ	-"-	23-го инж.п.	-"-
34.	ДООДЗЙОО КУМАХИКО	-"-	64-го п.п.	-"-
35.	САКУРАИ КУНИИТИРО	мл.унт.оф.	7-й отд.тяж.арт.п.	-"-
36.	КИСИ КИНГОРО	солдат	71-го§ п.п.	-"-
37.	СУДЗУКИ МИЙОСИ	-"-	1-го отд.тяж. а.п.	-"-
38.	КУВАДЗУРУ ТОКИО	-"-	71-го п.п.	-"-
39.	ЙОНЭЯМА НОБУТАГА	-"-	1-го отд.тяж.а.п.	-"-
40.	ИЦУМИ САБУРО	-"-	-"-	-"-
41.	ХАЦУТОРИ ФУКУМИ§	мл.унт.оф.	71-го п.п.	-"-
42.	ТАЦИБАНА СИГЕТАРО	солдат	26-го п.п.	-"-
43.	КАВАНО ХИСАСИ	-"-	3-го танк.п.	-"-
44.	НАКАМУРА ТООРУ	-"-	13-го тяж.а.п.	-"-
45.	ЯМАДЗАКИ ЮТАКА	-"-	26-го п.п.	-"-
46.	ТАКЕДА СИНИТИРО	-"-	71-го п.п.	-"-
47.	ХИГУТИ САДАО	-"-	71-го п.п.§	-"-
48.	МИУРА КИТАРУ	-"-	тяж.Кулинск.а.див.	-"- (часть Сомэя)
49.	ЙОНЭЯМА КАЦУДЗИ	-"-	28-го п.п.	-"-
50.	ИТО ХАЦУИТИ	-"-	64-го п.п.	-"-
51.	ОЯМА СИН	-"-	8-го погр.отр.	-"-
52.	НАКАЯМА ХИТОСИ	-"-	71-го п.п.	-"-
53.	ТАКАСАГО МАСАО	-"-	13-го арт.п.	-"-
54.	СУДЗУКИ ЙОСАБУРО	-"-	72-го п.п.	-"-
55.	Харада Фумио	майор	1-го БО	японец

Яп – 55 } Остав.
бар – 40
95
+ 88 (обменен)
183
22 (остав.)
+ 10 (Москва)
215
6 (отказ.)
221
6 умерло
Всего — 227 чел

日本人 55 バルガ人 40	（残された）		
95		……	(1)
＋88	（捕虜交換された）	……	(2)
183		……	(3)
22	（残った）	……	(4)
＋10	（モスクワ）	……	(5)
215		……	(6)
6	（拒否）	……	(7)
221			
6	（死亡）		
227		……	(8)

ソビエト軍の捕虜リスト

この計算表は注目に値する。

この書き込みがあったために、この名簿が第一次交換後に作成されたものであった可能性がかなり高まるのである。

計算表の（1）は、いうまでもなくこの名簿に名前が記された捕虜の総数を示している。次の（2）は、数字の横に（捕虜交換された）とメモされている。この数字は第一次交換で日本側に返された捕虜の数と一致する八八である。つまり、日本側にすでに返した捕虜と、いまだ残されている（1）の数を足した数字（3）が、この時点で名簿作成者が把握している捕虜の総数である。

この後から、この名簿にも載っていない、第一次捕虜交換で返された人数でもない、新しい数字が登場する。（4）（5）（7）と横にメモが記された数字がそれである。
（4）には（残った）あるいは（残された）という意味のチェックがある。この二二人は、この名簿の九五人には含まれない捕虜だ。何らかの理由からソビエト側に別に残されている人数と考えるべきである。
（5）には「モスクワ」とある。おそらくモスクワに移送された捕虜の数だ。
以上を足して（6）の総数二一五人。このあと（7）の（拒否）と記された六人が加わる。その下の（死亡）は捕虜として捕らえられている間に死亡した捕虜の数だろう。これも六人。

こうして、ここで把握された捕虜の総数は二二七人（8）となる。

この（拒否）の六名については念入りに、名前・民族・階級・所属部隊・職業・出身地・家族構成・学歴が調べられた調査報告書が作成されており、その上に「日本側に返されるのを拒否した捕虜名簿」というタイトルが掲げられていた。

（拒否）とは、捕虜交換で自軍に返されるのを（拒否）した捕虜であった。人数は六人。この数は計算表とピッタリ符合する。三人が日本人、残り三人がモンゴル（バルガ）人である。ここでは、そのうち三人の日本人の名前を掲げておく。

日本側に返されるのを拒否した捕虜名簿

オカモト・カズオ　日本人・兵士・歩兵第二三師団・会社員
岡山市・独身（父・姉あり）**・学歴あり**

ワカマツ・タケシ　日本人・兵士・歩兵第二三師団（自動車部隊）**・運転手**
東京都・独身（東京在住の母と二人の兄弟あり）**・学歴六年**

ウエダ・マサオ　日本人・兵士・野戦重砲兵第七連隊・労働者

北海道・独身・学歴八年
（ロシア軍事史公文書館　文書番号32113‐1‐294‐65）

この三人の消息を追ったが、現時点では判明していない。

私がロシアやモンゴルでの取材・ロケーションで不在だった間、この捕虜追跡調査を中心とする国内取材を一手に担っていたのはリサーチャーの岩本善政である。彼は独自のルートをたどってワカマツ・タケシ氏の妻と思われる女性を見出し、接触を試みた。しかし、再三にわたる岩本の取材交渉に対しても、女性はいっさい夫のことを語ろうとはしなかった。

したがって甚だ残念ではあるが、この女性の夫が当該のワカマツ・タケシ氏本人であるかどうかの確認もとれていない。あとの二人については、今のところ手がかりがない。

捕虜に触れてほしくない、という声に今回の取材中、何度も出会った。捕虜に対する取材は、そうした声との闘いでもあった。

しかし、捕虜は前科者ではない。犯罪者でもない。あの不条理な戦場にさらされ、人生を翻弄された犠牲者である。現在、生きて故郷に帰り、その後の人生を送っている兵士たちと何が変わることがあろうか。

ましてや、この取材は捕虜の告発ではない。むしろ、日本側に帰りたくないとする捕虜の心情の中にこそ、この戦争の実体があり、それを遂行した国家が抱える膿《うみ》があるのではないか。「触れてほしくない」という心情の背景には、国家の膿を忘却しようとする意志が働いていると思わざるを得ないのである。過ちは再び繰り返されることになるだろう。

捕虜を腫れ物のように扱う心情の中にこそ、隠された「戦争」がいまだに棲《す》んでいる。捕虜の真実を隠そうとする彼らこそ、いまだ戦争の「虜囚」となっているのではないだろうか。

裏を返せば、それこそが、現在もなお人心に続く「戦争」の本当の恐さなのである。

「ノモンハン事件」の戦闘によって捕虜となり日本側に返されるのを拒んだこの三人に是非聞いてみたいのは、なぜ「日本に帰りたくなかったか」という問題である。彼らは、その存在そのものによって、自分を戦争に駆り出し捕虜にさせた「国家」そのものを撃っているからである。

この「日本側に返されるのを拒否」した捕虜の気持ちを推測できる文書は残されている。それが「捕虜尋問調書」である。

そのひとつ「シンジョウ・セイジ一等兵への捕虜尋問書」――。

調書によれば、シンジョウ・セイジ氏は当時二二歳で独身。職業欄には「労働者」とだけある。ハルハ河戦争勃発四カ月前の一月に召集され、五月一六日にハイラル到着。第二三師団捜索隊・井置栄一中佐の支隊に配属。両親と二人の弟は当時、沖縄県那覇市に在住。

ハイラルから一九三九年六月二七日にノモンハンに入りました。前線についたのは、七月八日です。将校は我々に、各兵士は天皇の名のもとに誇りを持って戦争を遂行しなければならない、と言いました。将校は一般的に兵士とは余り口をききません。孤立しています。将校は手洗所も兵士とは別です。兵士はそれを利用できません。食事も同じではありません。兵士はしばしば大変罰せられます。

処罰方法　まず第一に下士官が痛めつける（殴る）

一番汚い仕事に当番でもないのにつける

何度も特別任務として使い回される

裁判にかけ刑務所に入れる

もし兵士が戦場から逃亡すると将校自身も兵士とともに処罰され、銃殺される。家族についても当局に通知され、家族も兵士と同じ目に遭う。

捕虜から日本に帰国すると、その人生はつらいものになる。

捕虜になった者に対してすべての人が「彼は天皇の軍隊の名誉を守れなかった」と言い続けるだろう。政治的な監視も決められている。職につくこともできず、兵士は、好むと好まざるとにかかわらず「ハラキリ」をせざるを得ない状況に追い込まれる。

日本では「捕虜帰り」を見たことがない。

（ロシア軍事史公文書館　文書番号32113－1－4－154～156）

日本側に返されると捕虜には何が待っているか。
あるいは、何が待っていると捕虜が考えていたか。
この「シンジョウ」一等兵は、赤裸々に語っている。無論、この尋問調書がソビエト側の手によって作成されたものである以上、このままに受け止めることはできないにしても、行方の知れない捕虜の気持ちを代弁して余りあるのではないだろうか。事実、彼が恐れていたように、彼が所属していた捜索第二三連隊の井置連隊長は無断撤退の責を負わされ自決させられている。

防御において日本軍は執拗であった。その執拗さが生まれた原因は、日本兵士に植えつけられた狂気である。包囲された状況でも日本軍兵士の捕虜になるための集団投降がなかったのは、この植えつけられた狂気、そして自分の家族の運命に対する危惧、捕虜から日本に残っている家族のもとに戻れないだろうという気持ちによって説明がつく。この点については、日本軍捕虜自身が、尋問の中で語っている。

（ロシア軍事史公文書館　文書番号32113－1－675－2～49）

これは、ソビエト軍が総括した「ハルハ河戦争報告書」の一節である。

ソビエト側は、捕虜への尋問によって明らかになった日本の兵隊の「自決」をいとわない強さ、捕虜になることへの恐れは、日本軍が兵士に対して徹底的に行った「植えつけられた狂気」によるものだと推測している。

尋問は、重ねられていった。

「捕虜尋問調書」はこの他にも数多いが、最もまとまって綴じられているのは、文書番号32113－1－296というファイルにある一〇三枚に及ぶ調書である。

ノモンハン・ハルハ河戦争五〇周年を記念して開かれた国際学術シンポジウム（ソビエト・モンゴル・日本の研究者が参加した）の際、ソビエト国防省付属戦史研究所研究部長・ワルターノフ大佐が明らかにした日本軍捕虜リスト一〇六人の名前は、この文書を参照し、根拠にしていると思われる。

短い尋問が多い。基本的にはすべて氏名・所属・現在の所属部隊の状況・日本軍の配置が簡潔に記されているだけで、時として中に、捕虜の生い立ちや経歴が含まれるものが散見できる程度である。

尋問調書の捕虜の名前は、偽名を語っている場合が多い。その消息を訪ねることは、非常に困難な作業である。しかし、ひとりずつ丹念に調べていった岩本善政リサーチャーは、やがて、この一〇三枚の中にある捕虜の名前の中から、今も健在であるひとりを探し当てた。

当該ファイル・リスト番号六一。

その文書には、その兵隊が捕虜として捕らえられた場所を示す手書きの地図があり、以下のような内容が記されていた。

ナカヤマ・ヒトシ　二三歳　上等兵　一九三九年六月二一日参戦
所属部隊・歩兵第七一連隊　連隊人数・二〇〇〇人
中隊人数・一二〇人　大隊人員・五〇〇人
（ロシア軍事史公文書館　文書番号32113-1-296-61）

名前は、偽名であった。

本名は、中山一（ナカヤマ・マサシ）という。

中山さんは、現在、広島県福山市で暮らしていた。子や孫に自分の戦争体験、ことに捕虜体験を包み隠さず話して伝え、お孫さんが祖父の体験を学校で皆に発表したこともあるという。

一九三八年一月一〇日に広島県福山歩兵第四一連隊の第一機関銃中隊へ入隊。翌年七月に満州国に渡り、ハイラルにて関東軍第二三師団歩兵第七一連隊第一機関銃中隊の兵士としてハルハ河戦争に参戦。八月二七日（ジューコフの勝利宣言の前日）に、戦場で捕虜となった。モンゴルのウランバートル収容所、ソビエトのチタ収容所を転々とし、四〇年に満州里で捕虜交換され、その後、帰国したという。

「ソビエトの戦車砲でどんどんどんどん撃たれ、その戦車砲の破片が左耳から入ったわけですね。出血多量で、これはもうだめだっていうわけで軍が見放したんですよ。友人が看護してくれましたがね。それで、負傷兵をね、ひとつ所に集めて、壕の中に皆入れておったわけですよ。そのうちに情勢が悪くなって、日本軍は撤退したわけです。そのとき、我々は置き去りにされたんですよ。それで負傷兵は皆、ソビエトに捕まったわけですな。

一四〇から一五〇ぐらいはおったでしょうな。私らと一緒の負傷兵のグループがね。彼らがどうなったかはわかりません。私たちの捕虜グループは四〇から五〇はおりました。

一番上では少佐がおられました。航空少佐で、撃墜されて不時着して捕まったようでした。捕虜の間もずっと一緒でしたな。それが、捕虜交換で日本に返されると、そこで自決されましたがな。所属していた原隊からだと言われてピストル渡されてね。『自決しなさい』といわんばかりにね」

——ソビエト側からはどんな尋問を受けたのですか？

「捕まってすぐにいろいろ言われるわけです。ソ連というのはいい国じゃと。ソ連に市民権をもろうて結婚してソ連におりなさいよ、とそういうことを言うわけです。宣撫工作いうんですか。ロシア人ですな、人間はものすごうええですよ。人情家でね。日本人の方がはるかに悪いです」

――捕虜になった方の中には、日本に帰らないという方もおられたそうですね。

「私は、どうしても帰る帰ると言い張ったわけだ。どうせ殺されるなら日本で殺されたい、とね。ロシア人に言われて残った方もそりゃあおったでしょうな。

日本軍の軍隊では、捕虜になったらこうせよ、などという教育は一切なかったです。そんなことは全然考えんわな。

戦争に敗けるとか、捕まるとか、そういうことは日本の軍隊では考えんわけや。そういうことは教育受けとらんわけです。そやけ、自分でもね、生き残るとは考えてもみなかった。もうとにかく、早く死にたいということだけで。どうせまた殺されるじゃろう思うて、日本軍が殺すじゃろう思うてね。生きて一般社会へ出られるとは思わなかったです」

捕虜体験を語る中山一

中山さんが日本に戻ってくると、すでに葬式は終わっていたという。

中山さんが捕虜になったことを知っていたのは、父親だけだった。福山連隊区司令部の司令官がやって来て、父親に「戦死は間違いで実は生きていた。しかし捕虜になっとる。子供にも奥さんにも一切他言無用で願いたい」と告げたのだという。

妻に自分が捕虜だったことを告げたのは、日本がアジア太平洋戦争に敗けた後のことだった。日本にどうせ敗けたんじゃからもういいよ、話すよと、そういうことだったらしい。

最後に中山さんは、私たちの顔を見つめて、こう結んだ。

「捕虜になった傷はね、当時の教育受けて大きくなった者にはね、これは一生ぬぐえませんですな。これ今のね、今の方ではちょっと理解ができんでしょう。私らもね、今のいろんなことを、教育を知っておってもね。……そりゃ、理屈はわかっとるんですよ。でもあのような精神状態いうものはもう……。叩っ込まれとるからね」

中山さんの「叩っ込まれとる」という言葉は、ソビエト軍の報告書にあった「植えつけられた（狂気）」という言葉を彷彿とさせる。

それまでの日本軍には、中山さんも述べるように「捕虜になったらこうせよ」と教えるような教育はなかった。というよりも、捕虜という概念そのものが日本の軍隊教育の中にはなかったといっていいだろう。

しかし、実際には、捕虜については国際的な取り決めの歴史がある。

もっとも知られているのが一九二九年の「ジュネーブ捕虜条約」（一九四九年改定）である。

この条約の中に謳われている捕虜待遇の根幹は、人権思想に基づく「人道的」待遇によって支えられている。捕虜は、それを捕らえた個人や部隊の権力のものではなく、捕虜抑留国がその待遇において責任を持たねばならない。健康に重大な危機を及ぼす行為を禁止し、暴行・脅迫・侮辱・大衆の好奇心から保護されなければならない。

たとえ、この条約を批准していない国であったとしても、国際的に捕虜がどのような概念として広く認識されているかは知っていたはずである。「ジュネーブ捕虜条約」が成立した一九二九年は、ハルハ河戦争の一〇年も前のことである。少なくとも、兵士たちにその教育がなされ、こうした国際条約の存在を知らしめていたなら、自らが捕虜になったとき、そして相手国の捕虜と接するようになったとき、その対応は随分変わっていたのではないかと考えられる。

こうした知識の鎖国状態の中で、捕虜の存在そのものと「国家に対する裏切者」「国家の恥」的な蔑《さげす》みと弾劾とが等式で結ばれることになり、兵隊たちはそう思われることへの恐怖のみを抱え込み、その一方で、捕らえた捕虜に対しては、不当な扱いを続けても何の疑問も持たない者となった。

情報統制と情報鎖国下にあった日本では「ジュネーブ捕虜条約」すら隠された。もし、その存在が広く知られていたら、やがて、アジア太平洋戦争で「知らずに」相手国捕虜を虐待したり、捕虜になるのを恥として「玉砕」「自決」で命を絶つような、あれほど凄まじい悲劇は起こらなかったのではないか。

しかし、歴史の事実は、こうはならなかった。教訓とすべきだったハルハ河戦争の直後、むしろこの戦争をきっかけにして、日本軍はより強硬な、国際条約とは逆行する、捕虜への厳罰化をはかってゆくのである。

一九三九年九月三〇日付、陸軍中央から関東軍に宛てて出された通達がある。ハルハ河戦争終結からおよそ二週間後のものである。

今次事変において、捕虜となり帰還せる者については、一律に捜査を行い、有罪と認めたるものは総てこれを起訴すべし

一、捜査の結果、不起訴と為り、又は無罪の言渡を受けたる者の中、所要の者に対しては厳重なる懲罰処分を行う。

一、（略）

一、処分終了者将来の保護に関しては、本人の意向によりては、日本以外の地において生活しうる如く斡旋す。

（「陸満密第八五五号」「陸支密第三五五四号」）

つまり、捕虜から帰還した者は、事情を問わずすべて厳しく取り調べ、有罪と認めたものはもちろんのこと、無罪とされた者に対しても場合によっては「厳重なる懲罰処分を行う」というのである。さらには、体のいい「国外追放」を勧めている項目もある。

日本軍は、ハルハ河戦争によって自国の兵士が大量に捕虜になるという現実を味わい、そのケース（捕虜になった動機や状況）が個々に異なるため、煩雑な手続や取調べを避けて、一刻も早く帰還捕虜の大づかみの対応策を決めようとしていた。その結果、右記のような極めて厳しいものになったのである。

やがて、ここで初めて示された方針は、一九四一年の東条英機による「戦陣訓」（生きて虜囚の辱《はずかしめ》を受けるなかれ）として結実し、次なる戦争でも同じ悲劇を生み出してゆくことになる。

ハルハ河戦争には、捕虜問題を考え直すための教訓がいくつもあったはずなのだが、これもまったく省みられることがなかった。ハルハ河戦争は、この問題においても、アジア太平洋戦争の惨禍への序曲となってしまったのである。

このたびの取材中、私は幾度となく、ハルハ河戦争で捕えられた日本人捕虜のロシア国内生存者の噂を聞いた。四カ月という短い取材期間に、その確証をつかむことはできなかったが、シベリア、イルクーツク、ハバロフスクなど、私がかつて訪れたことのある場所でも、日本に帰るという人生の選択を行わなかった（あるいは行えなかった）人々が暮らしているとの話を人伝えに聞いた。

ハルハ河戦争における日本人捕虜は、一〇〇〇人に及んでいたという説もある。

であるならば、今回、私たちが触れ得た名前の向こう側にまだ、たくさんの知られざる捕虜が存在することになる。強制労働や銃殺によって命を絶たれた者もあるといわれる。その実態は、いまだ闇の中にある。

ロシアに暮らす元日本人捕虜を見つけ出し、一度でいいから再び故国の土を踏ませてあげたい、と私費を投じてハルハ河戦争捕虜の行方を探している鈴川正久氏のような方もいる。生存捕虜の資料を丹念に集めて分析された労作（『あれは何だったのか』他　楠裕次著）もある。その熱意が、いつの日か、彼方の地に伝わることを祈りたい。

隠された「戦争」の記憶を胸に秘めながら、新たな道に足を踏み出して生きてゆかれた方々が、まだきっとおられるだろうと思う。

最後に、一橋大学の田中克彦名誉教授が実際にロシアで出会ったある捕虜の「その後」を紹介しておきたい。

それは、ロシア連邦ブリヤート共和国に住むナデージュダさんという女性との出会いである。ハルハ河戦争における日本人捕虜の娘だった。彼女によれば、父は三九年八月に捕虜となり、モンゴル、ブリヤートと移送された。森林伐採労働を科せられ厳冬の森で凍死しかかっているところをナデージュダさんの祖父が発見し、家に連れ帰った。村人は村をあげて彼を匿うことにした。当時のソビエトにおいては、捕虜隠匿は極刑となる罪であり、村人も命がけの行為だったという。やがて、彼とひとりのブリヤート女性が結ばれ、ナデージュダさんが生まれた。

自分が日本人の血を引くと彼女が知ったのは、父の死の直前であったという。父は一九九〇年に亡くなった。

私（田中）は、最も聞きづらい質問をあえて発してみた。

「ところでお父さんは、どのような状況で捕虜になったのか聞きましたか」と。

答は即座に返ってきた。

「父は、人を殺してはいけないという教えを固く信じていたので、ほとんど戦わずにつかまったということです。でも、心の中に重いものを抱きつづけているようで、いつも苦しそうでした」

最後に私（田中）はたずねた。あなたは自分を何人だと思っていますかと。彼女はちょっと考えてから、「何よりもブリヤート人です。しかし最近長女が父親そっくりになってきたものだから、自分も少しは日本人かなと思うようになりました」と答えた。

まことに、殺さぬ人は、より多く生きられる人であってほしいという私の願いを、この日本人兵士は具現してくれたのではなかったろうか。（朝日新聞・一九九九年九月三〇日付夕刊）

私も、この捕虜の、信念ゆえの過酷な人生は、辛く美しいものだったと思う。

第八章 未完 消えない傷跡

歴史はただ、息をひそめて眠っているだけに過ぎない
いつの日か、必ずそれは、目をさます

——テオ・アンゲロプロス
（「インタビュー記録」より）

国境を見ておきたい、と思った。

そこは、どうしても見ておかなければならないところだ。

現在では、モンゴル国と中華人民共和国の国境。そして、六〇年前は、モンゴル人民共和国と満州国の国境だったところ。

その平原には、今、どのような光景が広がっていることだろうか。

スンベル村。国境に近いこの村に滞在して、もう三日になる。

この間、私たちはハルハ河戦争の様々な戦跡を駆け足で見てきた。と、いっても何を見てきたのだろう、という思いにもとらわれる。

ヘリコプターで移動しても、ジープで移動しても、いつまでも続く草ばかりの大地。訪ねた先に、日本の慰霊団が建てた仏像と、日本軍が当時、勝手につけたそれぞれの台地の名前を示す標識があるばかりで、ほかには何もない。これまで様々な国の戦場跡を取材し撮影してきたが、この平原ほど「絵にならない」戦場も珍しい。この番組の編集を担当した吉田秋一は、ラッシュ（編集作業前の撮影映像）を見ながら、しばしば再生ストップボタンを押して、私に確認したものである。

「あれ。ちょっと待って。これってどのあたりの草原になるんだっけ。スンベル村に近いところ？　それとももう国境に近いところまで行っちゃってるわけ？」

写っている映像は、草と砂の海ばかり。月ごとに局地戦の場所は変わるが、画面に映し出された風景には何の変化もない。例えば、要塞やひどく損壊した建物、おびただしい数の兵士共同墓地など、かつてここに確かに戦争があって人が殺されたのだな、という想像をかきたてる場所がここにはない。本当にここで戦争があったのですよ、と言われなければ一面ののんびりとした、ただひたすら平原が広がっている大地である。

だからこそ、とも思う。

だからこそ恐ろしい。この大地はいまや、人間の記憶を完全に呑み込んでここにある。人工物など仏像と標識と記念塔くらいで、あとは自然がすべてを覆い尽くしてしまった。当時を語れる住民の影もない。

これから、この場所が特別な意味を持って歴史に刻まれてゆかねばならないとしたら、唯一の頼みは、人間の記憶の連鎖にある。それが途絶えるとともに、この場所は容赦なく、見渡す限りの砂と草ばかりの大地に姿を変え、眠りについてゆくことだろう。

人々の暮らしを見ることができるのは、この広大なエリアのなかで、スンベル村だけであるといってもいい。

スンベル村は、ソビエト共産党が支配した社会主義時代にコルホーズが設けられ、多くの人が移住してきた村だと聞く。遊牧民たちが、この地であらたな定住生活を始めたのである。

村の雑貨市場をのぞくと、赤ん坊を膝に抱いて巧みに馬を操る母親や、馬に乗ったまま手を差し伸べて菓子を買っている子供たちなどがいる。その光景はまさに「モンゴル」を感じさせる。女も子供も、馬を友とし、馬を舟として、この草原での暮らしを送ってきた。

村はずれに、不思議な粗大ゴミの集積場があるのに気がついたのは、そんな市場見物からの帰り道でのことだった。それは確か、ジューコフの司令室地下壕があったハマルダバーの丘からスンベル村を一望したときも見たような気がする。

緑の草で覆われた区画の中に、大きく盛り上がった山がある。赤茶けた色のその山は、どうやら錆びついた鉄くずの山のようだった。

「あれは何ですかね。ちょっと気になっていたんだけれど。何だか戦車や兵器の残骸のようにも見えて、ひょっとしたらと思ってるんですけど」

そう話しかけると、スンベル村ハルハ河戦争記念館の館長・サンダクオチル氏が、「ではちょっと行ってみますか」とウインクした。


「これはですね、一九三九年のハルハ河戦争のときの戦車の残骸です。装甲車や物資の輸送に使ったトラックもあります。こんなふうに村人が集めてきたんですよ。こんなのがまだ草原のあちこちに散らばっているのです」

見ると、戦車のキャタピラが草の根に埋もれるようにとりこまれ、直径二センチほどもあろうかという幾つかの穴がポッカリあいた甲板が、ザラザラとした錆びを表面に浮き立たせて積み上げられている。

「これってどうして集めるんですか。ここに」

「これは鉄くずなんですよ。大事な鉄くずなんです。社会主義経済が終わって市場経済の波がこの村に押し寄せたときから、これら鉄くずは大切な収入源のひとつになったんです。この鉄くずを輸出するようになったのですよ」

「どこにですか?」

「中国に出すようになりました」

「今は?」

「今はもう細々と、といった程度ですね。向こうもそんなに買い取らなくなったみたいだし」

サンダクオチル館長の話によれば、市場経済になってから、この村では一挙に収入の道を閉ざされる人々が出始めたのだという。それまで、社会主義の計画経済のもとでコルホーズに職を得ていた多くの人々も放り出される格好になった。

彼らが目を向けたのは、草原に点々と散らばるソビエト軍や日本軍の戦車や自動車の残骸だったという。それを拾い集め、鉄くずとして売ることで細々とした収入を得る人々も多かった。二年ほど前から、そうした鉄くず売りもなかなか商売として成り立たなくなり、今では、村に集められた残骸をここに捨てるようになったのだという。


「私がここに来た一一年前と比べても随分変わりました。ハルハ河戦争五〇周年と六〇周年の間に、一番大きな変化が現れたと言ってもいいのではないかと思います。一〇年前、ここは社会主義の国でした。今では自由経済の国になっています。それとともに、人々の戦争に対する見方もずいぶん変わってきたように感じられます。昔は、ハルハ河戦争といえば日本が悪の

戦車の残骸

スンベル村に積まれた兵器の鉄くず

代名詞でした。偉大なる社会主義の正義が、日本帝国主義の侵略を打ち破った戦争としか語ることが許されませんでした。ソビエトの戦略や歴史的発展は絶対で、これに異論を唱えることなどできなかったのです。しかし、そのような抑圧された時代にあっても、「ある意識」がずっとモンゴルにはあったと感じています。それは館長をしていて肌で実感することです。本当に日本だけを責めていて良いのだろうか。ソビエトが我々の国にしたことは何だったのか。そういう意識が、これを訪れるモンゴル人歴史研究者の間に広がりつつあるように思えるのです」

社会主義国家としての独立、ソビエト化が推進された粛清と戦争の時代、東西冷戦、そしてソビエト連邦崩壊と自由化――。

モンゴルの現代史には、常にソビエトの巨大な影がつきまとってきた。その影が消え、人々が直射日光を浴びる時代がようやく訪れた。これからのモンゴルの進路においては、自分たち自身の羅針盤が頼りだ。

「戦争といえば、戦った者同士があたかも国家を代表するような格好で、戦後もお互いに敵視しあっていたものです。しかし、これには用心深くならないといけません。本当に憎むべきは相手の国の名もない人々なのかということです。警戒しなければならない相手はもっと身近に息をひそめているのではないか、と。結局、犠牲になるのはどちらの国でも普通の兵士として駆り出された若者とその家族たちです。戦争を決めた人々が犠牲になることは極めて稀なのだと歴史が教えています」

確かにそのとおりだと思った。

それは日本でもまさしく、そうなのだった。

ハルハ河戦争で見てきた戦争の実態は、滝壺に無理やり突き落とされる兵士の姿の連続であった。

思わずうなずくと、記念館に来たモンゴルや日本の若者がそんな会話をしていましてね、そう言って館長は帽子をとって照れくさそうに白髪をなでた。日本からも、モンゴル語学科の学生やいろいろな作家の書く「ノモンハン」を一目見てみようと訪れる者が多いそうだ。私は、記念館の食堂で蠟燭を囲んでそんな話をしている学生たちの姿が目に浮かび、この草原はやはり草原だけでは終わらないのだ、人間が伝えてゆく草原なのだ、と励まされた気がした。

戦車の鉄錆びを触るように撮影していた桜井が、シャッターを止めて振り返った。

「これ、本当に戦車や車だけですか？　この鉄くずの山の中に入って撮影してもいいですか？　地雷とか不発弾とか、そんなものありませんよね。大丈夫ですか？」

「ここにはないと思います。大丈夫ですよ」

館長はそう言って桜井を促すと、続けた。

「ここにはないと思いますが、まだそういう危険はありますよ。不発弾で亡くなった方もいますし」

「え、いつのことですか」

思わず、聞き返す。

「去年だったと思いますよ。鉄くず拾いをしていた男の人が吹き飛ばされて亡くなりました。奥さんが村はずれのゲルにまだいるはずです。いや、もう出て行ってしまったかな」

ゲルのかたわらを少年の乗った馬が疾走してゆく。

考えてみれば今日は「ナーダム」の日だった。このスンベルでも村はずれの草原で子供たちの競馬が行われている。競争する距離は二五キロ。へとへとになった馬と子供が村を目指して走ってくる。

エルデニツェツェクさんのゲルは、そのゴール地点に近かった。

夫を不発弾の暴発で失った三六歳の女性である。

ゲルの敷地の入口の扉をあけて入ると、ゲルの外に鉄板や自転車の車輪などが散乱している。歩いてゆくトゥムルバートルの足どりがゲルに近づくにつれてどんどん遅くなる。どうしたのか、とささやくと「緊張しています」と言い、今度は頭まで垂れ始める。

ゲルの中には仕切りはない。家族全員がいつも顔を向かい合わせて生活している。ゲルを入った正面に、亡くなった夫らしい男の、決して上手いとはいえない肖像画がかけてある。ビャンバジャブさん。享年三九。ここが家族みんな一緒の部屋であるだけに、そこから昨日まで共に語り笑っていた一人が急に消えたことは、想像できぬほどの悲しみだったにちがいない。肖像画を取り巻くように一家が簡易ベッドに腰をおろしていた。二一歳の長男を頭に七歳の娘まで五人の子供たち。そして、その母・エルデニツェツェクさん。

不発弾で爆死した住民のゲル

「私と主人はあの日、子供たちを残して二人で草原まで鉄くず拾いにでかけたのです。忘れません。一九九八年六月一一日。ちょうど去年の今ごろ。一年も経つのですね。いつも二人で鉄くず拾いに出ていたものです。

主人は、地面を掘って銃の薬きょうを拾い集めていました。うちは、その薬きょうで生計を立てていました。五人の子供を養うための現金に換えるのです。三年間、そんな暮らしをしてきました。三年間、何も危険なことはなかったんです。

しかし、あのときは別でした。私がいつものように地面を掘っていると、突然、背後でものすごく大きな爆発の音がしました。びっくりして振り返ると、そこにいたはずの主人が手も足も千切れて吹き飛ばされ、放り出されていたのです。

即死でした。私はそれを目の当たりにしてしまったんです。とても辛かったです」

鉄くずだけで、五人の子供たちを育てるのは並大抵のことではなかったろう。

聞けば、夫妻は、一九七二年、スンベル村のコルホーズに職を求めて移住してきた。夫は、ネギなどの野菜を収穫する畑のトラクター運転手の仕事を与えられ、ここでの一家の生活が始まった。

その生活に突然の変化が起こったのは、それから一九年後の一九九一年のこと。自由経済化によってコルホーズが解体され、それとともにトラクターには二度と乗れなくなった。彼には、ほかにこれといった技能はなかった。夫婦が、一二歳になった息子を職能専門学校に入れようと話し合い出したのもこの頃だったという。

収入の道を閉ざされた一家は、草原での鉄くず拾いに精を出すようになる。夫と妻ができる仕事はこれだけだった。かつて日本軍やソビエト軍が残していった戦争の残骸は、まだ至るところに落ちていた。少しでも砂を掘れば薬きょうがザクザクと出て来た。たまに砲弾にありついたときは大いに喜んだ。砲弾は鉄くずの中でも最も高値で引き取ってもらえたからである。

「お父さんが懐かしい。お父さんはとてもやさしかった。私、お父さんが大好きだった」

七歳の末娘・ウンダルマちゃんが、私たちから母親を守るようにして、そう言う。

その娘を母親が抱く。

トゥムルバートルが静かに、切り出す。

――こういう質問をして良いのかどうか……。すみません。その瞬間、あなたはどんなことを思っていたのですか？　思い出していただけますか？

母親は、即座に短いフレーズをトゥムルバートルに返してきた。恐らく予想していたものとはちがうものだったのだろう、トゥムルバートルは虚をつかれたように一瞬、私たちへの通訳を中断してしまった。ヘッドフォンをつけていた鈴木が録音マイクのボリュームを上げた。

「なんておっしゃっているのですか？」

「戦争はまだ終わっていなかったのだ、と。私たちの戦争は続いているのだ、と。……そう言っています」

草原は、記憶ばかりを眠らせていたのではなかった。

そこには、いまだ現実の、隠された「戦争」が続いていた。

出発はその日、朝早く、と言われていた。

国境線の上空を撮影する許可がようやく出たのである。

朝日を浴びて、だだっぴろい草原にポツリとヘリコプターが見えた。その側に国境警備隊の兵士がひとり直立不動で立っている。国境警備隊長に聞けば、私たちがここに到着して以来、夜間から朝にかけて必ず一人の兵士を警備に立たせていたのだという。

「夜はこんな田舎でもぶっそうだからね。鉄くずにしちゃうのもいるかもしれないし」

そう笑う隊長は今日、家族一同を引き連れてきた。子供も妻もみな、大型のヘリコプターに乗るのが楽しみなのだという。ヘリコプターの中は、思わぬ客でぎっしり満杯となってしまった。

「では出発！」

隊長の突然の一言で、ヘリコプターは空高く舞い上がった。

スンベル村がどんどん遠ざかる。村を見下ろすように立っている記念塔、その近くにハマルダバーの丘も見える。丘の緑に熊手でつけたような土色の引っかき傷。カムフラージュの覆いもなく、剝き出しになったジューコフの司令部地下壕の痕跡だ。熾烈な空中戦を演じた兵士たちは、このようにのんびりとした光景を見ることはできなかったにちがいない。

空中撮影の成否は、半分以上、ヘリコプター・パイロットの機体コントロールの腕にかかっているといわれる。カメラマンは、撮りたいアングルを探して、旋回、ホバリング、機体を斜めに向けながらの直進など様々な要求を出す。

今回の国境線の空中撮影において、私たちがリクエストしたのは「できるだけ高度を下げて飛んでくれ」ということだった。パイロットはそれに忠実に従った。

それがひどくスリリングなことだと気づいたのは、国境線に向けて直進し始めてすぐのことだった。このように真っ平らな草原を飛ぶのだ。視界を遮るものもない。人家も鉄塔も電線もない。空中撮影にはまったく危険がない安全な場所だと思っていた。しかし、それがちがう。

高度の感覚が、私たち素人には、まったくつかめなくなるのだ。

平原の起伏が想像以上に激しいことに気づいたのもそんな感覚の狂いからだろう。はるか下に見えていたと思われた地表が、ヘリコプターがまったく高度を下げていないのにもかかわらず、あっという間に足元スレスレに近づく。見渡す限りの広大さが、地面の起伏を実際よりはるかにゆるやかに錯覚させている。この急勾配の丘の連続ともいえる大地を、武器を持って走り回った兵士たちの疲労が、思いがけないことに空から実感できた。

「さて、そろそろ慎重に。中国国境はすぐだ。監視塔で中国兵が目を光らせているから無闇に刺激しないように」

隊長の言葉を受けて、行く手を見る。

「どこだ？　どこだって？」

桜井が叫ぶ。国境線を視認できるものがない。瞬間、ヘリコプターがくるりと機体の向きを反転させると、進行方向の左側にカメラを構えていた桜井の目の前に、いきなり倒れそうな延々と続くフェンスが飛び込んできた。

「このフェンスを越えてはならない。これは国境緩衝地帯の境界を示すフェンスだ。ここから侵入してしまうと両軍はただちに出撃態勢の第一段階に入る」

ヘリコプターは、フェンスぎりぎりを低空飛行しながら滑空してゆく。

フェンスが途切れる。そしてまた出現する。つまり、この境界は、連続した国境を示す人工物がないのだ。境界を実戦ではなく、点線で示しているようなものである。むろん、その「点線」のフェンスがなければどこに境界があるのかもわからないような土地だ。

再びフェンスが途切れる。その間に、かつてチミッド監督が提案した兵隊の「整列」が行われていた。といっても騎馬兵が五、六人といったところ。きっと隊長命令で、朝早くからこの何もない場所で待ち続けていてくれたのだろう。手を合わせたくなる。と、思うが早いが、あっという間に視界から飛び去って行った。

これが「国境」なのだ。

これがあれだけの犠牲を払った概念なのだ。

「飛行終了。引き返す」

隊長のまたも突然の一言により、国境はみるみるうちに遠ざかって行った。

モンゴル第七国境警備隊の駐屯地は、日本軍が一度だけ渡河攻撃したバインツァガンの丘からはるかに望む北東方向、国境から一二キロの地点にある。

訪ねてゆくと、どうやらここで勤務する兵隊の家族全員が住んでいるらしい。軒先に吊るされた子供の青い小さいズボンが、風にぶらぶら揺れていた。

それもそのはずである。一番近い集落のスンベル村からでさえ、毎日通うことなどできるところではない。一家あげて国境の草原の中で暮らしてゆかなければならない。

——兵役は何年ですか？

「長くて三年です。三年間はここで生活します」

——国境では何か今、起こったりするのですか？

「今から四年前、一九九五年のことですが、湖近くの国境線で中国とモンゴルの国境警備隊の間で小競り合いが起こったことがありました。湖に中国の漁師が入ってきて魚をとっていこうとしたからです。中国の漁師にナイフで手を切られました。自動車の越境騒ぎはしょっちゅうですよ。民間人にとって、どこが国境かわかるようなところではないですからね。この駐屯地も夜、静かにしていると中国の車が国境のすぐ近くを走っていく音が聞こえますよ」

国境警備隊の駐屯地の背後には、ここから西側にゆるやかに上る丘がある。

その斜面は、巨大な石組で囲まれた空間が広がっていた。チミッド監督によれば、これは、この斜面いっぱいに岩や石を運んで築き上げた立体壁画のような仏像なのだという。

目を凝らして見てみると、確かにチベット風の仏の姿が浮かび上がる。

チミッド監督が今度の旅で一番撮影したかったのは、この大仏であったという。これまでの一〇年間でハルハ河の撮影をくりかえし、必要なカットはあらかた撮り終えてしまった。この大仏だけを残して。

「これは、母なる仏、といってね。国境の守り神として古くからあった仏像なのです。歴史的には一七六〇年代からだといわれています。この仏の持つ意味は深いのです。ハルハ河は昔からモンゴルの東の国境地帯でした。東の境は昔から様々な民族に襲われてきました。ハルハ河戦争以前から争いが絶えなかったところです。人々は力を合わせてふるさとを守ろうとしてきたのです。この地域の王は庶民の力を借りて、二年間でこの仏像を完成させたといわれています。

つまり、この像は独立を守ってきた象徴なのですよ。それで、是非、今回の映画に入れたいと思って撮影しに来たわけです」

——ここに侵入しようとする者は、まずこの巨大な仏を見たというわけですね?

「そうです。小松原師団長も、もちろんこれを見たことでしょう。東側から離れて見れば、この仏像はよりはっきりとわかります。最近、復旧作業が行われたようですけれども、ハルハ河戦争当時は昔のままの形だったはずです。このあたりは激しい戦いも起こらなかったので、この仏像も守られたわけですね。

この大仏がなぜこんなに大きく造られたかというと、あそこに青く見えるのが満州国、今では中国領です。つまり、中国人が遠くから見えるようにわざと大きく造ったわけです」

そう言うと、チミッド監督はビデオカメラの三脚をひょいとかつぎ、斜面を登り始めた。私たちもその後に続き、この仏像を近くから見てみることにした。

なるほど大きい。仏像の鼻が大人二人分くらいの大きさである。

カメラマンのバヤルサイハン氏が、その巨大な顔を撮影し始めた。

「撮影に彼を選んだのは偶然のことではないんですよ。彼のお父さんは一九三九年、ハルハ河戦争のとき、ここにいたただ一人のカメラマンだったのですから。デンベレルという名前のカメラマンでした。今、その息子が、父親がかつていた場所で撮影しているわけです」

バヤルサイハン・カメラマンが大きな体を揺らしてやってきた。にっこり微笑むと、

「チミッドさんは私をこう誘って下さったんです。六〇年前にお父さんが撮った映像と、今、息子が撮った映像をつないでこの映画を作ろうじゃないかと。不思議な縁なのですが、ここで撮影していた頃の父と今の私は同い年なのです。

ここに立つと、ああ父はここからこの角度で撮影していたのだな、とわかります。私が撮影にゆく、ということは、父の足跡をたどることで戦争を描こうとすることなのです。その場所や角度を確認する作業でもあるのです。

父は爆撃が一番恐かったと言っていました。それでもあらゆる角度から爆撃機を撮影していました。夜は塹壕を掘って兵士と一緒に息をひそめていたそうです。恐ろしかったことでしょう。私は今、同じ場所で、戦争がない時間を撮影しています。しかし、私はここに戦争の痕跡が癒されずに残っているのを感じます。地雷や手榴弾もそのひとつです。それは危険でしょうが、しっかり映したいと思っているんです。

私は父から預かった二本のフィルムを持っています。それはまだ現像していません。私は自分が撮り終えたときにそれを現像してみようと思っています。何が映っているのか。そこで父の時間と私の時間をつなぎたいのです」

風景を映すことはたやすい。

しかし、その中に、時間を映し取ることはむずかしい。

完成を目指す映画は、六〇年という時間を、この父子の連続した「眼」で映し取ろうという難度の高いものだ。しかし、それは必ず実現するのではないかと私には思えた。

チミッド監督の映画は、全五時間五部構成のうち、すでに四部までが完成しているという。残りの第五部。クライマックスに向けて、これからロシアや中国に資料映像を探す旅に出るのだという。日本にもし来ることがあればお手伝いしますよ、そう約した。

映画はロシアが大部分を出資しているという。しかし、これはロシアのための映画ではないと、チミッド監督は目もとを引き締めた。

「英雄的な映画はたくさん作られました。これが正義のための勇敢な戦いであったと。もうそのような映画にはうんざりです。どれだけの人がここでめちゃくちゃに死んでいったか、その事実に対する想像力がない人間が作っているのだとしか思えません。だから、私は今回の映画ではハルハ河以前の出来事、なぜこの戦争は起こったのかを描き出すことが重要な要素だと思っています。ソビエトについてはもちろんです。また、日本についても、これだけ関係が改善された今こそ、製作する必要があると思うのです。

この戦争は大国のイデオロギーに挟まれた小国の悲劇です。ですから、私は小さくてもいい、二一世紀には、モンゴルがいろいろな意味で世界の他の国々と平等になることを祈っています。そのときのために、次の世代が過去の歴史をしっかり背負っている必要があるのです。私は、二一世紀の人たちのために、二〇世紀を記録しておかねばなりません」


はるか下に見える国境警備隊の兵士たちが、私たちを手招きしている。

庭にしつらえられた鍋が見える。

ホルホグという料理だった。祭りと大切な客を迎えたときだけ作る料理なのだという。水を入れた牧場の大きな牛乳缶のような容れ物に、焼けた石をどんどん放り込み沸騰させる。中には、絞めたばかりの羊の肉が入っている。若い兵士たちの気持ちが嬉しかった。

「あれ。羊の肉は苦手だって言ってなかったっけ」

桜井に言われて気づくと、私の周りは羊の骨だらけになっていた。

こんなにうまい肉は、はじめて食った。「食った」と書くのがここでは正しいと思う感じだ。

「とうとうハルハ河の水を飲みましたね。この料理の水はハルハ河の水ですよ」

チミッド監督がニヤリと笑った。

ノモンハンに行ってみたい。

私のそんな言葉を聞いて、チミッド監督が国境緩衝地帯のフェンス脇を歩いている。国境警備隊駐屯地から国境線近くまで、私たちは再び戻ってきた。ソビエトの戦車が草に埋もれて捨てられている。のぞき込むと無数の蟻がうごめいていた。この中に閉じ込められたソビエト兵士のことを考えた。

「さあ。着きましたよ。あそこがノモンハン」

チミッド監督はずっと遠くに見える国境監視塔のあたりを指差した。中国の監視塔であるという。

「ちょっとズームインしてみて」

桜井に頼んで、ファインダーを覗いてみる。中国兵らしき姿が動いているのがわかる。

そうか。そうだった。

ノモンハンは、今では中国にあるのだった。ここから国境を踏み越えて、あそこに行くことはできないのだ。

そのとき。

私は、サーッと冷や水を脳の中に流し込まれたような感覚に襲われた。

大切なことを私は置き去りにしてきた。このフェンスの向こう。かつて満州国と呼ばれた向こう側に、日本軍とともに戦った、はかり知れない数の人々がいるのではないか。

何ということか、と思った。

決められた放送日までに許された取材期間はもう終わろうとしていた。今、私たちが立っているこの場所を向こうの中国の側から見ることはできそうになかった。ロシア軍事史公文書館極秘文書の捕虜名簿に書かれていた数多の「バルガ人」の消息を訪ねた者はいただろうか。それだけではない。満州国に組み込まれていた朝鮮人、中国人、白系ロシア人など多くの人々の「その後」を追いかけたものがどれだけあるだろう。

近年、ハルハ河戦争を満州国側の視点からとらえようとする労作に触れる機会が多くなった。細川呉港氏による『ノモンハンの地平』(光人社)は、かつての満州国の地域に暮らす人々の生活を見つめながら、ハルハ河戦争の実態に鋭く迫ろうとしている。また、カメラマンでもありルポルタージュ・ライターでもある友人・新井利男氏から聞くハイラル・リポートからは、ハルハ河戦争の関東軍主力第二三師団の拠点でもあったハイラルで何が起こっていたかが実にきめ細かく伝わってくる。

新井利男氏は、一九九五年から翌年にかけて入ったハイラルで、次のような証言を拾い集めている。

牧民たちは日本人に激しい憤りを持っています。戦時中、「出荷」という名目でたくさん

の牛、馬、羊を略奪され、牧草地を荒され、戦争が終わった後も焼けただれたトラック、戦車、兵器を放ったらかしにしていました。遺棄不発弾に触れたために私が知っているだけでも五人の牧民が即死。一人は助かりましたが左腕を失くしています。慰霊団は日本人戦死者だけしか頭にないようです。

（ノモンハン村公安派出所・マシバト所長の証言）

スンベル村と同じ悲劇は彼方でも、現在、起こっているのである。

興安騎兵第五団副団長のドルガ将校が七月に、その後次々と興安騎兵団兵士が大量に脱走したり、外蒙古に投降しました。その理由は、食物もそうですし、常日頃から日本人は蒙古人をあらゆる面で差別していたからです。興安騎兵団は約三〇〇〇人いました。そのほとんどが「蒙古人同士がなぜ殺し合いをするんだ」と疑問を持っていました。現地人への搾取、略奪も激しかったんです。三二年、ホロンバイル（草原）の家畜は一五〇万頭、日本敗戦後の四六年には五〇万頭でした。

（ハイラル政治協商会・アビト元副処長の証言）

新井氏によれば、アビト氏は、当地で「ノモンハン事件」の満州国側住民としての歴史調査を始めて二〇年であり、五〇人を超す聞き取り調査を行ってきた人物であるという。こうした貴重な調査は、彼方で着々と進められている。自戒を込めていうならば、これを日本はこれから此方のものとしなければならないだろう。

満州国という得体の知れない地平に、まだ開かれたことのない、より大きな、隠された「戦争」が横たわっているからである。

私たちは立ち去りがたい思いで、スンベル村に別れを告げた。

眼下には、大きくうねるハルハ河が、残照を浴びて輝いていた。


明日は帰国。

私たちは、モンゴル取材最後の日を、ウランバートルで過ごしていた。頭の中には、忘れていた満州国の人々のことが渦巻いていた。

ソビエトがモンゴルに苛酷な支配を強め、ソビエト化を推進し、粛清を行って「モンゴル要塞」を完成させ、連邦崩壊による国家解体の瞬間にこの国を放逐した図式は、まさに日本と満州国の間に置き換えることができる。中国東北部を満州国として独立させ、関東軍の駐留を認めさせ、民族協和の実験的国家と称して日本人が社会の中枢を独占して「日本化」を図り、現地の人々を搾取し、大戦の敗戦によって国家が瓦解すると同時に敗走する。ひとつ大きく異なる点は、モンゴルは影の大国が崩壊したとき、独立を保っていたが、「満州国」ではそれがなかったことである。

撮影してきたVTRテープのラッシュメモを整理しながら、私は自分の足もとに注意を注がなかった不明を思い、苛立ちを隠せなかった。

そんなとき、トゥムルバートルがかつて紹介してくれたある老人のことが頭をよぎった。


ウルジン・ダシニャムさん、という。

トゥムルバートルにとっては、ウランバートルの放送局で日本語放送の仕事をしていたときの師といえる人で、この時七八歳だった。

一度、お会いしたとき、日本語の堪能ぶりには驚かされた。日本文学を次々とモンゴル語に翻訳しているトゥムルバートルが、私の日本語の大先生、と語るのも無理はない。豊富で深い語彙を操り、品のある日本語を話す方だった。

彼は、満州国哈尔浜《ハルピン》日本中学校で日本語を学び、満州国建国大学の学生だったと語っていた。

私は彼にもう一度会っておくべきだと考えた。今度は、その「満州国」をキーワードにして話を聞かなければならない、と思った。

私たちがそのアパートを訪ねると、突然の申し出にもかかわらず、ダシニャムさんは「ボーズ」（羊肉の団子）まで用意して待っていて下さった。

「ひとつどうですか。日本の方は羊が苦手な方が多いですけれども」

桜井と鈴木が私を見て目で笑った。モンゴルの羊はもう、私はまったく平気だった。

「ありがとうございます」

「これは女房が作ったんですよ。女房も満州で育ちましたから日本語ができますよ」

私は、幼い頃に帰省した懐しい田舎の祖父母の家に着いたような安堵感を覚えた。

ダシニャムさんは、私たちを自分の書斎に案内すると、書棚の向こうに掲げてある肖像画に視線を向けて、

「あれが私の父ですよ。ガルマイーン・ウルジンといいます。満州国の国境警備隊第一〇軍管区の司令官でした」

第一〇軍管区司令官といえば、ハルハ河戦争における満州国軍の最高司令官である。

ハイラルでの現地住民の証言に出てきた興安騎兵団の兵士は、すべてダシニャムさんの父が率いていたことになる。日本側の資料で「満州国軍第一〇軍管区司令官　中校　烏爾金（ウルキン）」と書かれているのがその人である。

ウルジン司令官は、ハルハ河戦争が始まる前、国境線を確定するための「モンゴル人民共和国と満州国間の国境会談」を呼びかけた人物である。

この会談は、ハルハ河戦争に先立つ四年前、一九三五年一月二四日、東部国境地域で起こった武力衝突に端を発している。

衝突から八日後の二月一日、ウルジン司令官はモンゴル側に次のような書簡をしたためている。

わが満州国軍は、国境確定のため、場所、時間を話し合って決定するためにやって来ましたので、回答をいただきたいと思います。また、当方よりの代表を、定められた場所・時刻に派遣することにしましょう。国境線を厳密に決めれば、国境侵犯や戦闘は発生しなくなります。

（一九三五年二月一日付書簡　満州国興安北警備軍司令官）

同じ民族同士、しっかり話し合う機会を持って、国境線をお互い納得した上で決めよう。そうすれば、ソビエト軍や日本軍が介入するような戦闘は防ぐことができるだろう。やりませんか、という呼びかけである。

これに対し、ときのモンゴル首相・ゲンデンも呼応し、このモンゴル人同士の国境確定会議は実現する。開催場所は満州国・満州里駅。六月三日のことであった。

「これがそのときの写真なんですよ。これが父、これがモンゴル側の代表団です。サンブー国防大臣、ドクソム政府官吏、ダンバ軍団長……」

ダシニャムさんが見せてくれた写真のメンバーを聞いて驚いた。チョイバルサンによって最後の標的にされ、ハルハ河戦争直前に逮捕、粛清されたダンバ軍団長がいる。

この画期的な会議は、この後、五回にわたって開かれた。会議は、満州国側代表に日本の外交部が加わったために難航した。日本は、モンゴルの国内に、国内外勝手に移動でき、本国政府と自由に交信を交わす権利を持った全権代表を常駐させることを要求し、モンゴル側がこれを拒否すると武力で首都まで脅かすと恫喝している。それでもお互いの歩み寄りは続けられ、国境紛争はすべてこの会議の継続によって平和裏に話し合いで決着をつけようというところまでこぎつけた。その矢先、チョイバルサンによる一斉粛清が始まった。その詳細は第五章で記した通りである。特に狙い撃ちされたのが、この会議の代表団だった。ダンバらは、一九三五年から日本側と密接な関係を持ったとされ、日本のスパイ容疑で逮捕される。

この会議は、一九三八年九月九日、モスクワから届いたあの「粛清リスト」による政府・軍関係者に対する粛清がひとつのピークを迎える時期をもって中断され、以後、ハルハ河戦争に始まるまで再開されることはなかった。日ソ両大国の外交的・内政的な介入が、この会議を断ち切ったといっていい。

この同じ民族同士の平和裏の国境会議が進展していたら、ハルハ河戦争の悲劇は起こらなかったかもしれない。そんな可能性を指摘するモンゴル人研究家は少なくない。

ウルジン司令官もさぞや落胆したことだろう。ハルハ河戦争が実際に起こり、同じ民族同士が殺しあう戦争の司令官の立場に置かれた彼の心情は察するに余りある。

ウルジン司令官は、その後一九四五年八月、ソビエト軍が雪崩をうって満州国に侵攻すると、ソビエト軍に逮捕され、一九四七年三月一三日、モスクワに連行されて銃殺された。

「親父はですね。自ら名乗り出ていったのです。自分は誰々でこういう者であると。そういう者をどうして銃殺できるか、私にはわかりません。私が父の銃殺を知ったのは、一九九二年のことでした」

息子・ダシニャムさんの人生もそれから大きく狂いだした。

一九四六年、戦後行方がわからなくなっていた母と妹たちが中国甘粛省に住んでいることがわかり、ダシニャムさんは妻と子供の家族を残し、単身で半年かけて肉親を引き取りに行く。ところがハイラルに帰って来ると、妻と幼い子供二人が家から追い出されていた。父が満州国司令官だったこと、そしてダシニャムさん本人が満州国建国大学の学生だった過去を問われて、家財一切、ソビエト軍に没収されたのである。その後、家畜を飼いながら各地を転々。

一九五五年、妻の母親がウランバートルにダシニャム一家を引き取ることになり、ビザを申請したが、ダシニャムさんだけにビザが下りず、家族は生き別れになった。ダシニャムさんがウランバートルにやって来られるようになったのは二年後のことだった、という。

満州国側に組み込まれたブリヤート族だったダシニャムさんの親類・肉親は、このような流転の中で大陸中に散らばってしまった。それぞれの国が支配する領域に。

私は、彼にこそ、ハルハ河戦争とは何だったのか、という問いを発することができると思った。それは、私にとって、このモンゴルでの締めくくりとすべき質問でもあった。

ダシニャムさんは、ひとたびゆっくりと考え込むと、真正面から私を見据えた。

「ハルハ河戦争はね、二つの大国が戦争をしたということなんですよ。その戦争に否応なく、それぞれの陣営におったモンゴル人が巻き込まれて戦わなければならなかった、ということなんですよ。私の家族はね、妹はロシア国籍、私はモンゴル国籍、いとこはハイラルにおって中国の国籍ですよ。家族がバラバラになって。もしね、また強国が戦争を始めたらですね、また家族同士で戦う……」

ダシニャムさんは、「戦う……」と言ったあと、長い沈黙を入れた。

彼は頭の中で、この場合にもっとも適当な日本語を探しているらしかった。

そして、ようやくひとつの単語を見つけ出したらしかった。

「……ケンカしなければならないんですよ」

私は、彼が選んだ言葉の深さを思った。

それは、「殺し合い」ではなかった。「……ケンカ」。

肉親が向き合ったことを瞼の中で思い描いたとき、彼は

ウルジン・ダシニャム

この言葉を超える悲惨な言葉を口にすることができなくなったのだろう。

やがて私は日本に帰り、番組の編集に入った。

さまざまな構成の組み直しや映像素材の順番の入れ替えに四苦八苦し、試行錯誤をくり返しても、私がモンゴルで最後に聞いたこの言葉だけは、番組を締めくくる言葉として、動くことはなかった。

第九章　現在　二〇二〇年への警告

過ぎた歳月に学んだことがあるとするならば、希望というものの空しさかもしれないが、
翻って考えれば、それはたやすく絶望することの愚かさでもあるといえる

——徐 京植
（『私の西洋美術巡礼』より）

ロシアとモンゴルを行き来し、取材を重ねた日々から、早二〇年が過ぎた。
特集番組『ドキュメント ノモンハン事件〜六〇年目の真実〜』（一九九九年八月一七日放送、NHK総合）の冒頭ナレーションを、私は次のように書き出している。

大平原を縫って流れるハルハ河。この河沿いで「ノモンハン事件」が起こったのは、太平洋戦争勃発の二年前のことでした。

太平洋戦争で日本軍は「特攻」「玉砕」をくり返し、数多くの人々が「自決」の道を選びました。その同じ悲劇が、ここ、「ノモンハン」でも起こっていました。「ノモンハン事件」は、太平洋戦争の序曲でもあったのです。

のちの「カミカゼ」につながる物理的に敵わない戦車への体当たり攻撃、ノモンハンで大量に発生した彼我の捕虜問題に対して「捕虜になるなら死を選べ」という「思想」のもとに結実してゆく「戦陣訓」――。いずれも「ノモンハン事件」にその萌芽があったことは、これまでの章で見て来たとおりである。

それと同時に、振り返れば、これは「太平洋戦争」だけに限ったことではなかったのではないか、今となっては、このナレーションでは甘かったのではないか、という思いも募る。問われているのは「国家」のあり方であり、「個」と「国家」との向き合い方である。

取材をおこなった一九九九年は、私が「ノモンハン」番組の制作に関わっていた半年余りの間に、国会では小渕内閣の下、「ガイドライン関連法」「国旗・国歌法」「通信傍受法」「住民基本台帳法」という賛否二分の懸案だった法案が次々と可決・成立した年でもある。これらの法案は、「個」よりも「国家」体制の堅固強化を優先する方向に強い力が働いているように思えた。それは、一九三〇年代の「ノモンハン事件」に向かう日本と世界の動きを追っていた当時の私にとって、重なり合う部分が多々あるようにも感じられた。

　周知のとおり、一九三〇年代とは、日本が一九四五年の敗戦に向かって突き進む最終段階となった期間である。一九二九年一〇月のニューヨーク株式市場における株価大暴落が連鎖的に引き起こした世界恐慌によって幕を開け、三一年の満州事変、三二年の満州国建国、三五年の天皇機関説問題、三六年の二・二六事件と日独防共協定、三七年の日中戦争勃発、三八年の国家総動員法公布などが、相互に因果関係をもって連続した期間だ。その最終局面に、三九年の「ノモンハン事件」も位置づけられる。

　では、番組取材時の一九九〇年代はどうだったか。それは、九一年の株価地価暴落に始まる「バブル崩壊」から始まり、出口の見えない経済不況の中で鬱屈したエネルギーが国内に充満。それが悲惨な事件となって暴発することも相次いだ。そして、九〇年代最後の年である九九年に、それまで掛かっていたいくつもの留め金が外れ、堰《せき》を切ったように成立したのが前述した法案の数々である。

　警戒すべきは、社会的鬱屈感やストレスを国家優先の論理でからめとり、「国家」の名のもとに、「個」や家族を含む様々な共同体が本来それぞれ持っているはずの自律性が回収され、権力の一極集中化と全体主義化が進むプロセスである。こうした一方的な国家観に疑問を持ち、その進め方を批判する者は「愛国心がない」と罵倒されたりする。そうして、日本という島の中で暮らす多種多様な住民や他者を攻撃する差別や排斥が増殖し拡大してゆく。

そんなことを思う時、私の脳裏には、「ノモンハン事件」のわずか二年前の一九三七年、大陸侵略に乗り出す国家に抵抗し「売国奴」呼ばわりされた一人の女性の声が強く響いて来るのである。

お望みならば、私を売国奴と呼んでくださっても結構です。けっして恐れません。他国を侵略するばかりか、罪のない難民の上にこの世の地獄を平然と作り出している人たちと同じ国民に属していることの方を、私は大きい恥としています。本当の愛国心は、人類の進歩と対立するものでは決してありません。そうでなければ排外主義です。

しかし、なんと多くの排外主義者がこの戦争によって日本に生まれたことでしょうか。

（『長谷川テル作品集』亜紀書房、一九七九年）

声の主は、長谷川テル。奈良女子高等師範学校（現奈良女子大学）在学中に検挙されて学舎を追われながらも、終生、ファシズムに抗い、日本敗戦の二年後に世を去った。

彼女は、兵士もまた、ファシスト権力の犠牲者だと考え、激しい弾圧の時代、自ら信じる真の愛国心を提起し、反戦と国際平和主義を訴え続けたのである。長谷川テルのこの声こそ、雪崩《なだれ》を打って狂気の道に転落していった「国家」が聴くべき警告だったように思う。

否、聴くべきは果たして「国家」だけだったのだろうか。その「国家」を容認し、時に熱狂して後押しした者たちはどうだろう。「個」が持つべきアイデンティティや誇りを民族主義的な「国家」のそれにすり替えて皮をかぶり、か弱い自らの「個」を見つめようとして来なかった者、一人ひとりが聴くべき声だったのではないだろうか。

権力は国家を意のままに動かすため、人心をくすぐり、操作し、誘導する。それは、ナチス・ドイツの空軍司令官でヒトラーの片腕と呼ばれたヘルマン・ゲーリングが、戦後のニュルンベルク戦犯裁判に当たって、心理分析官に語った次の言葉にもよく現れている。

普通の人間は戦争を望んではいない。それは当たり前のことだ。しかし、民衆を指導者の命令に従わせることは可能だ。最終的には、政策を決めるのは国の指導者であって、それは、その国が、民主主義国家であれ、ファシスト独裁国家であれ、共産主義国家であれ、国民を戦争に参加させるのは、常に簡単なことなのだ。

やるべきことはただひとつだ。とても単純だ。

国民に対して、「お前たちは攻撃されるぞ」あるいは「攻撃されつつあるぞ」と言えばよい。それでも抵抗する平和主義者には、「お前たちは愛国心に欠け、国を危険にさらしている非国民だ」と非難するだけでよい。他には何もする必要がない。（心理分析官への供述　一九四六年）

まさに、このような危険に日常的にさらされているがゆえに、私たちはいつも、権力が自分のどの部分につけ込もうとし、攻撃をしかけようとしているか、見極めなければならない。国家主義や民族主義に駆られた他者への攻撃は、個人の安息につながることはない。しかしながら、戦争や原発事故のような大災害、疫病の流行などの非常時においては、「個」の精神状況が混乱に陥りやすく、容易に操縦されやすい。心して自らを見つめなければならない。

私が、「ノモンハン」の取材時も、そして現在も、慎重に考えるべきだと思って来たのは、この「個」の認識と責任に関わる問題である。

軍部の暴走や政権の横暴など、権力者の責任を厳しく追及することは当然だが、同時に、そういう者たちに権力を与えてしまった責任も問われなければならないということである。「国民」も、一方的な被害者ではないのである。

それと同時に、国民が権力と結びつき、触れることを嫌悪してきた「加害者としての責任」という問題もある。「ノモンハン事件」は、満州事変以来、領土拡張の欲望のもとに行われた大陸侵略に連なる「戦争」であった。日本においては大国ソビエトと戦った「事件」として記憶されているが、モンゴルで粛清による大量殺戮が起きていた事実や、その末に実際の戦場となったモンゴルがどのような辛酸を嘗《な》めたか検証した視点は、いまだごくわずかだと言わざるを得ない。私自身、前章に記したように、引き裂かれたモンゴル民族の旧満州国側の人々への取材が未完のまま終わってしまっていることが誠に悔やまれるのである。この視点は、今、私たちが置かれている現在地点を確認した上で、感度をあげて銘肝すべき問題だと思う。

さらに、二〇二〇年という「現在」を考えるとき、私が「ノモンハン」取材当時を思い起こし、痛切に感じるのは「文書」の重みである。未来を築くための記録文書の重要性という問題だ。「ノモンハン」の番組も本書も、ソビエト連邦崩壊後の数年間、扉が開いたロシア軍事史公文書館の公文書、モンゴルの粛清記念館や旧内務省の非公開文書の解読や分析から、細い糸をたどり、様々な証言者に出会えたことで成り立っている。私にとって、あの戦場で起きたことが「事件」ではなく「戦争」であったことも、こうした文書が後世の私に語りかけて来る事実によって認識したことなのだ。

歴史の闇に葬り去られていた捕虜たちの姿や声も、おぼろげながら、そこに残されていた文書の記録によって、時間を越えて私のもとに届く。その時に、無き者にされてきた亡き者たちが声をあげ、私たちはそこから、未来にどのような道を歩んでゆくべきか、何を警戒すべきか、聞くことができるのである。たとえ非公開とされている極秘文書でも、やがて陽の目を見る日は必ず来る。それが隠滅されたり、改竄《かいざん》されていない限りは――。

近現代史に関わるドキュメンタリーを制作していると、世界各国の様々な公文書館や資料館に取材する機会が多い。そこでしばしば驚くのは、自分たちに不都合だと思われる記録さえ、しっかり残されていることだ。

ソビエトでは、連邦末期、ゴルバチョフ大統領の政策により情報公開が進んだ。その時、多くの市民が、かつてシベリア送りになった自分の肉親がどのような最期を遂げたのか、極秘に保管されて来た文書にあたって知り得たとされる。スターリンらによる粛清や虐殺の事実は、彼ら自身がそれをどう考えていたかによらず、文書に記録され、残されていたのだ。

またアメリカでは、自らの国の汚点となるような歴史的事実についても記録され、国立公文書館で厳重に保管されている。中にはケネディ暗殺事件に関わるファイルのように、後世の解禁を待つものもあるが、公開されている多くの文書は、自国民のみならず、私のような他国籍を持つ者も自由に閲覧することができる。

ここで私が思うのは、未来の「国家」、さらには「世界」を担う後世の人々に、自分たちの何が正しく何が誤っていたかを伝え、その検証と認識を次世代に活かすべきだと考える人間としての意志である。「国家」に限って別の言い方をすれば、文書の記録と保管は、ある意味で本物の「愛国心」ともいえる。

権力者個人の名誉や体面を偽造して保つのではなく、その「国家」の将来にわたる栄誉と発展を望むならば、事実を伝えることで誤りあればその原因を突き止め、過去から声をあげて未来の同胞が衰退破滅の道に進むのを阻止しなければならないだろう。多くの人々が自分の子々孫々を愛するように、それは、共同体が持つ未来への意思であり愛情であるといえる。

翻って、二〇二〇年の日本を見ると、そのような「愛国心」の欠片《かけら》もないように思える文書問題が雨後の筍《たけのこ》のように噴出している。文書による検証を拒み、不可能とするような問題の数々は、未来の「国家」の構築と存続を望まない意思の現れのようにも思えるし、子孫のことはどうでもよいと言わんばかりの政治のように見えるのである。

二〇一二年一二月に始まる第二次安倍政権以降、これまで約七年余の間に表面化した文書に関わる問題は枚挙に暇《いとま》がない。廃棄したとしていた自衛隊南スーダンPKO活動やイラク派遣の日報の隠蔽（防衛省）、学校法人「森友学園」への国有地売却に関わる決裁文書の改竄（財務省）、一度は怪文書として否定した「総理の意向」と記載された文書が文部科学省から発見されるも再検証されない加計学園獣医学部新設に関わる問題、老後生活で公的年金以外に二〇〇〇万円が必要と試算した報告書（金融庁）の政府による受け取り拒否、厚生労働省による過去一五年間にも及ぶ雇用統計（「毎月勤労統計調査」賃金や労働時間、GDP算出にも使われる国家の基幹統計のひとつ）の不正・改竄疑惑問題、「桜を見る会」における招待者名簿の抹消（内閣府）隠蔽問題、その前夜祭として開かれた首相後援会におけるホテル側との契約書や再発行可能な会費請求書の提出拒否など——。

これらについては、疑惑文書の開示や残存データの調査公開、データ保存された記録の検証のための発掘と発行など、政権側の決断によって潔白を証明するために取り得る手段はいくつもあった。「森友学園」文書の改竄問題においても、今年になって自ら命を絶つに至るまで追い込まれた財務省職員の遺書も公にされ、改竄の経緯や実態が改めて厳しく問われている。しかし、政府は、すでに検証済みであると突き放したままだ。このような対応では、「この政権にはよほど都合の悪い事実があるために、意図的に文書の証拠隠滅を図っているのではないか」という国民や納税者からの疑惑を払拭することはできない。

公文書管理については、問題となった多くの文書が「一年未満文書」として官僚の裁量で廃棄されていたため、二〇一七年末に「ガイドライン」が一部改正され、決定過程の検証が必要な文書については一年以上の保管が義務づけられた。しかし、今度は、最初から公文書そのものを記録として残さないという手法があることも問題化している。

現政権は、二〇一三年に成立した「特定秘密保護法」を見る限り、国民や住民の「知る権利」に基づく情報公開に積極的な政権とは言い難い。それは、情報の透明性を指標のひとつに置く国際NGO「国境なき記者団」発表の「報道の自由度ランキング」においても指摘されていることである。二〇一九年、日本は、世界で六七位という不名誉な順位であり、G7（主要七カ国）の中では最下位である。範囲をG20まで広げても、オーストラリア（二一位）、南アフリカ（三一位）、韓国（四一位）、アルゼンチン（五七位）に遠く及ばない。

「国境なき記者団」の声明によれば、二〇一〇年に一一位で優良だった日本のランキングがわずか数年後に急激に凋落した理由のひとつは、安倍政権下で成立した「特定秘密保護法」にある。「特定秘密」を決めるのは行政であるため、国民に知られたくない情報を権力が公然と「特定秘密」とし、隠蔽できる手段を与えてしまったのではないかという危惧がある。その一方、二〇一六年の「国境なき記者団」報告書によれば、日本の情報閉鎖ぶりは「『国家機密』には触るな」ということだと揶揄されて書かれるほどの有様で、具体的な例として、福島の原発事故被害の実態も「国家機密」として国民には伝えたくない情報のひとつとして指摘されている始末である。

福島で私が取材した時にも、国や県が示す放射線量と自分たちが独自に計測する放射線量の数値があまりに異なるため、不信感を募らせている被災者の方々がいた。その声は放送することができたが、さらにその後も避難区域への帰還政策はどんどん進み、放射線量が本当に生活する住民を戻していいレベルまで下がっているか懸念する声は今でもあがっている。これも、公的文書や記録の正当性に対する根本的な疑義から生じているように思う。

この問題は、二〇二〇年の今、新型コロナウィルスによる「緊急事態」の渦中でも、暗い影を落としている。ここでも大きな問題となっているのは、統計や文書の信憑性に対する疑問だ。自覚症状に不安を抱き医療相談したり、受診した者、さらには感染の疑いがあると医師が判断した者でさえも、感染の陰陽を判別するためのＰＣＲ検査が受けられない事態が頻発した。そのため、発表される感染者数も、実際の潜在的な市中感染者の数とかけ離れているのではないかという疑念が広がった。東京オリンピック・パラリンピック延期決定後に上昇した発表される感染者数も、実際に実施された検査総数がはっきりとは伝えられないため、母数の検査数が少ないために感染者数も抑えられているように見えるだけで、実際は違うのではないかという疑いを抱く市民も多い。

在日アメリカ大使館も、はっきりとしたメッセージを打ち出し、反応している。四月三日に更新されたホームページに、日本に滞在するアメリカ人の本国帰国を勧める文章を掲載し、「広い範囲で検査をしないという日本政府の決定は、新型コロナウィルスの有病率の正確な把握を困難にさせている」と言明したのだ。さらに、日本における医療制度は信頼できるものだが、とした上で、「今後数週間にわたって、その制度がどのように機能するか予測することは難しい」と記している。

社会統計学・社会疫学の山口一男教授（シカゴ大学）は、同日付の東京新聞の取材に対し、「実際には感染しているのに把握されない『暗数』の割合が大きく、統計が歪んでいる」と述べ、「歪んだ感染者数では、感染の拡大状況などの評価はできず、各国状況との比較や政策判断にも使えない。信頼できるデータを国民と共有し、透明性をもって合理的に政策を進める姿勢が欠落している」と指摘している。

「ノモンハン」の取材においては、過去の事実や政策の検証のために、文書や統計資料は重要な礎《いしずえ》となったが、今では、それらに対する信頼性すら揺らぎ、国家の基盤と信用そのものが問われる事態になっているのである。

ツイッターやフェイスブックなどのSNSには、「かつての戦争では、上層部の戦略ミスを、戦場の兵士が精神論で克服することを強いられたけれど、今もまったく同じだ。マスクや医療品不足の中で奮闘する前線の医師・看護師・介護士への後方支援も不十分で届かず、自粛を求めるだけで生活を守るための休業補償（兵站）も支給されずに放っておかれる人々は職場（戦場）に向かうしかない」というような声もあがるようになった。

そのような憤りにさらに拍車をかけたのが、「緊急事態宣言」についての総理大臣記者会見（四月七日）だった。イタリア人記者による「今までご自分で対策を講じた中で、一か八かの賭けが見られますね。成功だったらもちろん国民だけではなくて世界から絶賛だと思いますけれども、失敗だったらどういうふうに責任とりますか」という質問に対し、安倍首相は、「あの、これは、例えば、最悪の事態になった場合、私は責任をとればいいというものではありません」と回答したのである。これについては、危機管理の指揮官であり政策決定者としての公的責任を免れるつもりなのか、という非難も起こった。この一連の事態を受けて、京都大学人文科学研究所の藤原辰史准教授は次のように述べている。

もしも私たちが所属する組織のリーダーが、とくに国家のリーダーがこれまで構成員に情報を隠すことなく提示してきたならば、そのデータに基づいて構成員自身が行動を選ぶこと

もできよう。異論に対して寛容なリーダーであれば、より創造的な解決策を提案することもできるだろう。データを改竄したり部下に改竄を指示したりせず、きちんと後世に残す文書を尊重し、歴史を重視する組織であれば、ひょっとして死ななくてもよかったはずの命を救えるかもしれない。自分の過ちを部下に押し付けて逃げ去るようなそんなリーダーが中枢にいない国であれば、ウイルスとの戦いの最前線に立っている人たち、たとえば看護師や介護士や保育士や接客業の不安を最大限除去することもできよう。危機の状況にも臨機応変に記者の質問に対応し少数意見を弾圧しないリーダーを私たちが選んでいれば、納得して人びとは行動を起こせる。「人類の叡智」を磨くために、「有事」に全く役に立たない買い物をアメリカから強制されるのではなく、研究教育予算に税金を費やすことを使命と考えてきた政府であれば、パンデミックに対して少なくともマイナスにはならない科学的政策を提言できるだろう。ところが、残念ながら日本政府は、あるいはそれに類する海外の政府は、これまでの私たちが述べてきた無数の批判に耳を閉ざしたまま、上記の条件を満たす努力をすべて怠ってきた。

（「パンデミックを生きる指針――歴史研究のアプローチ」『B面の岩波新書』）

また、「ノモンハン事件」が起きた一九三〇年代末期の日本の世相と現在の類似性を指摘し、重ね合わせて見ている研究者もいる。近代政治思想史が専門の中島岳志教授（東京工業大学）である。彼は、エーリッヒ・フロムの『自由からの逃走』を引用しながら、危機を利用して強固な支配を高めようとする権力にすがり、自由を自ら放棄する大衆の心理をあげて、現代の人々に次のような警告を発している。

安倍さんが法的なものを度外視して、何か法的にはこう許されていないようなことをやったとしても喝采しかねないですよね。戦前の一九三八年から四〇年ぐらいの流れに非常によく似てくる。戦前も同じなんですけど、「まどろっこしい」と思っちゃうんですよ。不安になればなるほど決断を求めて行くんですよね、人は。

とにかく「誰かがこういう危機的な不安を取り除くように決めてくれ」っていう感覚が大きい。それが逆に、安倍政権的なものを強化してしまう可能性がある。共犯関係になってしまうというのが、戦前のナチスや、あるいは戦前の日本のあり方だったんですよね。ここはね、とても気をつけなくてはいけない。

(インターネット放送「Choose Life Project」二〇二〇年四月一二日)

中島教授が具体的に指摘しているのは、一九三八年当時の「強力な政権」を求める声の蔓延だ。ドイツの社会大衆党(のちの社会党)でも挙国一致を訴える声が支配的だったことを注視し、「危機的状況では、左派的野党の政権批判が一転して全体主義的な政権の原動力となる」という。これは、さきに挙げたヘルマン・ゲーリングの言葉と微妙に符合する危険性をはらむ。虎視眈々と「その時」を待っている者もいるということである。そのことに、私たちは今、警戒しなければならない。

これら現在の私たちが置かれている社会の状況を考えると、あらためて、記録文書の重みを痛切に思う。「ノモンハン」の番組の後も、私は数々の番組制作の中で、そのことを実感してきた。

NHKスペシャル『日中戦争〜なぜ戦争は拡大したのか〜』（二〇〇六年八月一三日放送、NHK総合）では、当時の兵士の日記から、南京で起きたことを浮かび上がらせることができた。金沢第九師団歩兵第七連隊の連隊本部通信班にいた小西與三松さんが、砲弾飛び交う戦場で詳細な日記を綴っていたのである。小西さんの日記は、二ミリ四方程の細かな文字でびっしりと埋まっており、そこには、行軍中に体験した上官命令による中国人の殺害、「南京事件」の様子も記されている。一九三七年一二月一六日の部分にはこうある。

掃蕩地区の掃蕩をして二千人以上の若者を捕獲して五人位ずつ縛って、揚子江下関附近沿岸に連行して銃殺した相だ。之の時、五、六名の男が逃げた為それを追撃すると、殺されるのだ！と知った若者達が一時にドッと逃げかけたからたまらない。大隊では、之《こ》れあ大変と、誰云ふとなくMG《マシンガン》で討て！いふのでダダ…とMGの掃射だ！ところがこの若者達と友軍がま

ぜまぜになってもみあっているから大変。友軍兵隊の方が今度は彼等以上に驚いたとの事だ。而《しか》し幸ひな事には一名の被害もなく敵を殆《ほとん》ど殺して半死のやつも一緒に揚子江に投込《なげこん》で引揚《ひきあげ》た相だ。此の男なども逃げる奴等の真只中にはまっておされおされして銃を構える事も出来ず困ったと。それでも五、六千人はゆうに突き殺したと語る。

小西さんの日記の記録をたどり、小西さんが戦場で日記を記したその日に、現場にいた別の下士官も探すことができた。第一歩兵砲小隊付陸軍曹長だった鍋島作二さんという。彼は上官から、敗残兵を選り分けるために中国人を連行せよと命じられた。

「ある地点へ行って、いろいろ調べて区分けすると。要するに、集めて来たのは住民か便衣兵の軍人かを詳しく……。で、その中に入って一緒に行ったんですね。それが揚子江の河原だったんです。言葉もわからんしね。集めてきたのは『私は軍人です。何です』って名乗り出てくるわけじゃないですからね。『私は旧軍人、何等兵、何々』って札つけて待ってるわけじゃないですから。それ、わからないのを片っ端から……」

鍋島さんが、選別のための連行か疑問を感じ始めたときだった。中国人に激しい動きが起こった。

「どういうはじめか知らんけど、その、連れて来たのが河へ飛び込んだんですよ。まわりの舟へ行くつもりだったんか、対岸へ行くつもりだったんか……。その時、一部で射撃したですね」

――それは、鍋島さんがご覧になった？

「見てる。これは事実です。……いわゆる、こう、虐殺。手に負えん奴なんかをこう。その時に、私自身も確かにひとり斬っているわけですから。……敵が陣地におるのを突っ込んでいって殺すのと、そりゃ全然意味がちがうわね。非戦闘員かもわからんような者を。……まあ、だから虐殺っていう風にとらえられてもこれはもう……うん」

これを裏打ちする『戦闘詳報』も存在していた。それによれば、小西さんと鍋島さんが所属した第九師団歩兵第七連隊の「掃蕩」は一二日間に及び、その間に刺射殺した「敗残兵」は、金沢第七連隊だけで六六七〇人に達している。

鍋島さんは取材当時、九二歳の高齢だった。南京での体験から七〇年が経とうとしていたその時まで「南京」の記憶を固く閉ざしてきた。長年連れ添った妻にも語ったことはない。戦友会の会長だった鍋島さんは、戦友に迷惑が及び、連隊が中傷されることを恐れた。戦争の実態を知らない世代から、皇軍を貶めた、と脅迫される危険も感じたと言う。何が、彼を七〇年間沈黙させて来たのか。なぜ、生まれ変わったはずの「戦後」日本が、彼に沈黙を強いて来たのか、私たちはあらためて考えなければならない。

鍋島さんのように自らの記憶に留めるだけで、文書としての記録を残さずに逝く人もいる。

そうした人の証言を聞き取り、記録として次世代に伝えて行くこともまた、私たちに課せられた重要な仕事であると思う。そうした作業を積み上げてきた方々の存在も忘れることはできない。

その一人は、「ノモンハン事件」に登場するジューコフが副司令官を務めていた場所でもあるベラルーシ（白ロシア）で作家活動を続けるスベトラーナ・アレクシエーヴィチさんだ。彼女は、二〇一五年のノーベル文学賞受賞によって、今でこそ世界に名を知られた作家となったが、私が最初に出会ったのは、「ノモンハン」の取材を終えてすぐの二〇〇〇年だった。

ベラルーシは、ドイツとの「大祖国戦争（第二次世界大戦）」では、モスクワへのドイツ軍の侵攻を防ぐ砦であり、凄まじい大量殺戮の現場となって、四人に一人の住民が命を落とした。また、一九八六年のチェルノブイリ原発事故では、ほぼ同じ割合の人々が放射能汚染を被ったとされる。爆発時の風向きも影響し、もっとも深刻な被害を受けたのは、チェルノブイリ原発があったウクライナではなく、ベラルーシだったのである。

アレクシエーヴィチさんは、そんな故郷ベラルーシを拠点に、旧ソビエト連邦の隠された歴史を背負い続ける人々の姿を克明に発掘し、記録してきた。登場するのは、ドイツとの戦争に兵士として参戦し人間性を失っていった女性たち、戦場で親兄弟が殺されるのを目の当たりにしトラウマをひきずる子どもたち、アフガン戦争に駆り出され精神を病んだ青年や家族、ソビエト連邦崩壊に絶望して自殺して行った人々、チェルノブイリ原発事故で愛する人や仲間を失った被災者や医者、科学者など。いずれも、「国家」にとって不都合な事実を、それまで語ろうとして来なかった人々「小さき人々」へのインタビュー・モノローグの手法を使って真正面から記録し、とりあげてゆく。彼女の一連のインタビュー記録集は「国家の威信を損ない、国家を愛する心を傷つける」ものとして発禁処分にされたり、不当な裁判にかけられたりしてきた。

アレクシエーヴィチさんは、「国家」が伝えようとする英雄的で輝かしい虚飾の「歴史」を、地道な取材による「小さき人々」が語る証言の記録という文書の積み重ねで打ち破り、新たな「歴史」を書き残しているといえる。そのような彼女の記録をもとに、私はロケで半年間、彼女と共に旧ソビエト各地を旅し、「ノモンハン事件」に続く特集番組として、NHKスペシャル『ロシア 小さき人々の記録』（二〇〇〇年一一月四日放送、NHK総合）を制作した。

以来、折に触れ連絡をとってきた彼女が、二〇一六年七月、東京外国語大学に招かれて来日するという。チェルノブイリ原発事故を詳細に取材した彼女は、福島も訪問したいと願い、旧知の仲だった私が案内することになった。避難指示が解除されたばかりの南相馬市小高や、いまだ住民の居住が許されないままだった飯舘村などを訪ね、多くの被災者に出会った。

酪農家だった長谷川健一さんが連れて行ってくれた場所は、汚染によって牛乳の出荷ができなくなり、未来を憂えて自ら命を絶った長谷川さんの若き友人の牛舎だった。友人は、事業拡大の意欲に燃え、多額の借金をして肥料小屋を拡充した直後、原発事故に見舞われた。借金を返す道も絶たれ、牛の乳を搾っては捨てる毎日が続いた末、新築した肥料小屋の壁に、「原発さえなければ」と白いチョークで書き残し、この世を去ったのである。アレクシエーヴィチさんは、福島への旅を終えたあと、こう語っている。

私は福島の地で思いました。社会主義であれ、資本主義であれ、国家とはどこも似たようなもの。国家と役人たちは自らの救済にいそがしいのです。人間を救うのではなく。あの自殺してしまった男性が、十分な補償を受け取れていたなら、彼は、小屋の壁に「原発さえなければ」と書くこともなかったでしょう。
人々が団結しようとすると、それが、どんなものであっても、国家は激しく反応する。国家は、そういう人たちを怯えさせようとし、抵抗する人々の結びつきを断ち切ろうとします。その方が人々を統制しやすいからです。

アレクシエーヴィチさんと同じように、コツコツと自分の足で人々を探し求めて歩き、証言を記録してきた日本人の写真家にも出会った。八四歳になる江成常夫さんである。
一九六二年、報道カメラマンとして毎日新聞に入社した江成常夫さんは、三〇代半ばにして、一二年間のサラリーマン生活に終止符を打ち、アメリカを放浪した。そこで出会ったのは、自らが子供だった戦後間もない頃、罵声や非難を浴びせられながら進駐軍米兵と結婚し母国を去った日本人花嫁たちの姿だった。その生活と苦難に触れ、ロサンゼルス郊外のアパートに住み込み、取材を続けた。

この時、江成さんが重視したのが、彼女たちが語って来なかった「歴史」、その証言の記録である。膨大なカセットテープに百人を超える女性たちの肉声録音を重ね、その成果を、異色の証言写真集『花嫁のアメリカ』として発表した。その写真集は、江成さんが書き起こした証言の文字スペースの方が、写真に割くそれよりもはるかに大きい。

このフォト・ノンフィクションというべき手法を使って、江成さんは、第二次世界大戦で旧満州に置き去りにされた戦争孤児の生活や記憶を聞き書きした『シャオハイの満洲』や、広島・長崎の被爆者への取材や証言記録写真集などの仕事を重ねて来た。その過程は、『こころの時代 レンズで見つめた生と死の時』（二〇二〇年三月二九日放送、NHK Eテレ）という番組になったが、その取材中、江成さんは次のように話している。

中国大陸に置き去りにされた孤児たちについては、新聞がとり上げてテレビが報道して、厚生省が身元調査に腰を上げたのは敗戦から三六年経ってからですね。その一〇年前、孤児たちの支援活動を民間で続けていた長野県のお寺の住職だった山本慈昭さんは、厚生省を訪ねて、そのことを訴えたそうですよ。これは山本さん個人から伺って記憶してるんですけど、厚生省の役人に、「そんなことに手を出したら眠ってる子を覚ますようなもんだ」と言われ

たと。それが「国家」ですよ。

国家の欺瞞性というのは至る所にそれが残っている。山本さんのような人がいて世論になって、はじめて国が動いたという経緯があることを聞いて、僕は、戦後のこの経済発展というのは何だったのか、その側にいた僕自身は何だったのかということを感じました。

一方では、いまだに「全滅」を「玉砕」と美化し、「敗戦」を「終戦」として収めている。その本質と距離を置いて、その後の教育をしてきたわけですね。それが公的な機関でもう定着しちゃってると。公器である新聞やテレビでもそれが平気でまかり通っている。

僕はいまだに、その、「戦争の昭和」というのは終わってないと思います。国家の不条理が常にまかり通ってるということ、現実に。これは、僕はまさに今にもつながっているというように思います。

公の「戦史」には記されない人間の歴史を、ひとつひとつ書き留めて来た人ならではの思いだろう。「ノモンハン」においても「事件」とされたまま、「戦争」であった実態が隠されて来た。記録や文書は未来の人が自分の立ち位置を知るためにたどる過去の証言者であり、過去に目を瞑《つむ》るものは未来をも失う、とは、まさに、このことだと思う。

一見、何の変哲もない紙きれ一枚が、私たちが未来を生きるための道標になる可能性がある。そして、文書や記録の裏側には、そのまま時間に埋もれてゆくような人間の声や心や人生が詰まっているのだ。たとえ、文書が改竄され、抹消されても、生きている人間の記憶を消し去ることはできない。その記憶を再び掘り起こし、くりかえし記録して伝え続けなければならない。「ノモンハン」から続く長い旅路の中で、私は今、このことを改めて「ノモンハン」から「現在」に向けて放たれた警告として受け止めようと思う。

あとがき

　原著出版後、撮影で訪ねたモンゴルのあの広大な平原を思い起こしたのは、福島第一原発事故が起きた二〇一一年に私が知ったひとつの情報によってだった。それは、日本の原子力発電所で生まれた使用済み核燃料や放射性廃棄物をモンゴルの地下に埋めようとする計画である。迷走を続ける日本の核燃料の処分問題が、モンゴルの国土にも及ぶという。核廃棄物をモンゴルに移送するには中国かロシアを経由して陸送しなければならないため実現は困難だとされているが、ここにも最初に配慮すべき当事者のモンゴルの人々への視線がない。その後、モンゴル国内で反対運動が起き、計画は棚上げされたと聞く。

　そして今年、このたびの復刊にあたって、ロシア軍事史公文書館やモンゴル粛清博物館などで蒐集した資料のコピー、一九九九年四月二五日から八月一〇日までに書かれた現場での取材メモやロケのスナップ写真のアルバムなどが放り込まれていた段ボールを、およそ二〇年ぶりに開いてみた。

　取材でお会いした多くの方々の写真も見つかり、執筆の要も忘れて、その懐かしさに時を忘れた。その多くはすでに鬼籍に入られている。あれからモンゴルには行っていないが、あのスンベル村は今、どうなっているだろうか、サンダクオチル館長は元気にしているだろうかなどという思いが駆け巡る。

ロシアやモンゴル、そして日本で、貴重な文献や資料を快く提供してくださった人、長時間の執拗なインタビューに丁寧に応えてくださった人、加えて、番組をひとつ作る陰には、身を削って関わった多くのスタッフとクルーがいる。仕事に没頭する仲間たちを辛抱して支え続けてくださったご家族もいる。本書は、そうした多くの方々の共著であると私は思う。

筆を擱《お》くにあたって、本文中でご紹介できなかった関係機関やお名前を追記し、心から感謝申し上げたいと思う（敬称を略させていただきます）。

ロシア外務省、モンゴル外務省、駐日本モンゴル大使館、アレクサンドル・ベリコフ、ワレリー・ワルタノフ、サブリナ・エレオノーラ、ムンフーザヤ、バートルツォクト、ナサルジャルガル、ウルチバートル、フフバートル、ゴンボスレン、ダワードルジ、ノモンハン会、芝丕東、向井利光、粟生田修彦、竹原敦子、三木秀雄、馬場公彦、下河邊宏光、濱中博久、吉田真理雄、桑原昌之、川端義則、佐々木隆夫、神山勉、大谷純子。ロケや編集で長期不在中も励ましを与えてくれた鎌倉由里子、梓、穂高。

番組を高く評価し最初の書籍化を実現してくださったNHK出版の吉岡太郎編集者、年月の経過とともに絶版となって埋もれていた原著を見出し、あらためて世に送り出してくださった論創社の谷川茂編集者。
そして、名乗ることもなく取材を支えてくださった数多くの方々に——。
本当にありがとうございました。

二〇二〇年五月

NHKエグゼグティヴ・ディレクター　鎌倉英也

資料　ロシア国立軍事史公文書館　一九三九年　関東軍（捕虜関係を含む）に関する文書総録

〔ファイル番号－目録番号－書類番号－頁〕

五月

一日　外蒙軍殲滅のために派遣された軍隊に対する指示書（捜索隊長・東中佐の署名）……〔32113－1－4－7〕

ノモンハン地域での戦闘のための山県支隊設立とその構成に関する第二三師団の指令書……〔32113－1－4－5～6〕

二一～二九日　マルタ曹長の日記（部隊名記されず）……〔32113－1－294－55～56〕

六月

翌七月一日の第二三師団の攻撃計画……〔32113－1－230－28～29〕

二〇日　関東軍植田司令官からハルハ河地域での戦闘における各部隊の任務を述べた指令書一五三二号……〔32113－1－4－10～12、230－10～11〕

敵を殲滅せよとの関東軍の任務を伝える作戦指令書……〔32113－1－232〕

二〇日～七月二八日　歩兵第七一連隊ナカムラの日記……〔32113－1－294－43～49〕

二一日　第七歩兵師団長ソノベ中将の兵士に対する戦闘を前にして成功を願う呼びかけ……〔32113－1－294－119〕

二七日～七月一一日　砲兵中隊分隊長オオタニ軍曹の日記……〔32113－1－294－36－42〕

二八日まで　戦死した将校のノートの記述……〔37977－1－63－11～12〕

師団指令書第六五号からの抜粋……〔37977－1－63－28～29〕

戦死した将校のノートの記述……〔37977－1－63－32～42〕

第二三師団歩兵のノートからの抜粋。同師団の指揮官スタッフリストなど……〔37977－12－63－44〕

二九日　一六時五〇分。偵察任務が書かれた航空部隊の作戦指令書三三八号－a（ハイラル）……〔32113－1－4－13～14〕

三〇日　ハルハ河地域での航空部隊と地上軍との相互連携行動計画書……〔32113－1－4－13～14〕

「主要戦力は、ハルハ河を渡河し、国境を侵犯した敵を殲滅せよ」との任務が書かれた第二三師団の指令書第一五〇号……〔32113－1－4－4〕

攻撃に加わった第二三師団の構成、ロシア側の記述あり……〔32113－1－4－23～24〕

七月一日から二日にかけての第二三師団部隊の攻撃計画……〔32113－1－4－25～26〕

六月～七月　日本地図の凡例と名称の訳……〔32113－1－63－49～97〕

七月

カサウラからのノモンハンでの戦闘に関する考えを述べた手紙の訳……〔32113－1－4－116－～117〕

延岡市長からの中国で闘うために派遣された日本人兵士への励ましの親書……〔32113－1－4－159～160〕

捕虜、日本空軍ハラダ少尉の、赤軍・ソビエト連邦の対日本政策に関する発言……〔32113－1－4－159～160〕

一日(?) 七月一、二日の第二三師団歩兵の攻撃計画……〔37977－1－63－7～10〕

二日 一七時。主要戦力ハルハ河を越え、北の高地へ向かい、敵を殲滅せよとの第二三師団の指令書(小松原中将の署名あり・フイ高地にて)第一五三二号……〔32113－1－4－27～29、230－25～27〕

三日 主要戦力ハルハ河右岸へ渡れとの第二三師団歩兵への作戦指令書第一一一号……〔32117－1－294－3～4〕

四日 第一戦車団安岡支隊がいる地点で攻撃をおこなえとする第二三師団への作戦指令書……〔32119－1－294－5～6〕

五日 第七五二水準点に師団部隊を集結させよとの第二三師団の作戦指令書第一一三号……〔32117－1－294－7〕

六、七日 一七時。師団への戦闘任務が書かれた第二三師団への作戦指令書……〔32113－1－4－38～40〕

六、七日 第二三師団の日本軍部隊構成に関する指令書の特別添付文書第一一六号 一、安岡部隊 二、歩兵部隊 三、岡本支隊 四、須見連隊 五、工科部隊 六、予備役……〔32113－1－4－42～44〕

七日 八時。第二三師団の敵部隊が現れたフイ高地にて捜索活動をおこなえとする作戦指令書……〔32113－1－4－37〕

八時。師団諜報部への任務を記した第二三師団の作戦指令書第一一七号……〔32113－1－4－44〕

八日 岡本支隊への戦闘任務が書かれた第二三師団の作戦指令書第一二〇号……〔32117－1－294－15〕

九日 安岡支隊と北方警備の管轄の再移管に関する第二三師団の作戦指令書第一二二号……〔32117－1－294－16〕

ハルハ河右岸で敵の大砲を殲滅せよとの第二三師団の作戦指令書第一二三号……〔32113－1－294－17～18〕

一〇日 安岡支隊の解体に関する第二三師団の作戦指令書第一二四号……〔32113－1－294－19〕

第六七三水準点から南東の砂丘地域で自らの陣地を強化せよとの第二三師団の作戦指令書第一二七号……〔32113－1－294－20〕

一一日 「最終的に敵を殲滅せよ」との戦闘任務を師団各部隊に伝える第二三師団の作戦指令書第一二八号……〔32113－1－294－21〕

安岡支隊の解体に関する第二三師団の作戦指令書第一二九号……〔32113－1－294－23〕

一二日 一一時。地域からの敵を駆逐し、次の作戦に備えよとする任務が書かれていて、河岸の前線にいるすべての敵を攻撃せよとの第二三師団の作戦指令書第一三一号……〔32113－1－4－45〕

一四日　一五時。ハルハ河右岸にいる敵を殲滅し、敵を完全に殲滅させるために次の攻撃を準備せよとの第二三師団の作戦指令書第一三二号……〔32113－1－4－46～47〕

一五時。後退する敵を追い込み、次の中央渡河地点への攻撃の準備をせよとの第二三師団の作戦指令書第一三三号（水準点七三一にて）……〔32113－1－4－48〕

司令部警護部隊と予備役部隊の一部移動に関する第二三師団の作戦指令書第一三四号……〔32113－1－4－49〕

一七日　父アリトシから息子サボウへの遺言集（戦死した兵士のポケットから発見）……〔32113－1－4－161〕

一八日　同日の砲兵団の中央渡河点での戦闘計画書……〔32113－1－4－50～54〕

一四時。ハルハ河右岸にいる敵の残党と左岸の敵の大砲などを殲滅させる目的で第二攻撃をかける順序に関する第二三師団の作戦指令書第一四一号……〔32113－1－4－57～58〕

一九日　第一四一号作戦指令書の付属文書、攻撃に参加する部隊構成と配置（ソビエト側の記述あり）……〔32113－1－4－59～64〕

二一日　ソノベ中将の兵士に対する戦闘を前にして成功を願う呼びかけ……〔32113－1－4－119〕

二三日　捕虜ミヤザカ飛行士尋問調書……〔32117－1－296－5〕

捕虜ニガワ・タモツの尋問調書……〔32117－1－296－6〕

捕虜ウエノ・ナギタロウの尋問調書……〔32117－1－296－7〕

二五日　捕虜、騎兵団のバルガド・ドゥクプンの証言……〔32117－1－296－8〕

捕虜、歩兵第六四連隊歩兵エノムラの証言……〔32117－1－296－9～10〕

捕虜ミヤザワ飛行士尋問調書……〔32117－1－296－8～9〕

二八日　関東軍植田司令官が第二三師団司令部へ到着したとの第二三師団の報告書……〔32113－1－4－61〕

二九日　捕虜、歩兵第七一連隊マスオカの尋問調書……〔32117－1－296－11〕

三〇日　第二三師団の指令書第一〇五号……〔37977－1－63－1～2〕

第六軍の構成（第二三師団の指令書第一〇五号の付属文書）……〔37977－1－63－6〕

捕虜フクダ・タケオ飛行士のアンケートリスト……〔32117－1－295－10〕

七月末　捕虜ミヤジマ飛行士の尋問調書……〔32117－1－295－1～7〕

八月二五日に捕虜としてとらえた兵士シンジョウ・セイジの尋問調書……〔32113－1－4－154～156〕

歩兵第七一連隊ウエダ、騎兵団ロブサニマなど、満州国キン・バン・サンなどの尋問調書

八月

……〔32113－1－4－149～151〕

捕虜イシベ曹長（飛行士）と騎兵団のアロルギン・ホングンの尋問調書……〔32113－1－4－152〕

帝国軍による反モラル的傾向に関する日本人捕虜の文書による証言……〔32113－1－4－75〕

戦闘に参加した日本軍の構成……〔32113－1－4－75〕

第二三師団歩兵第六四連隊（山県支隊）のカネマル曹長の八月二〇日から二七日までの戦闘を記述した日記……〔32113－1－4－146～147〕

六月二五日から七月二一日までのノモンハン事件の日本軍の戦闘日誌からの抜粋……〔32113－1－4－111～115〕

機関銃中隊長イワオの八月一七日から二二日までの戦闘を記述した日記……〔32113－1－4－144～145〕

第二三師団司令部のノモンハン事件第二段階に関する資料。ソビエト空軍の特徴、高射砲部隊の観察データによるソビエト軍の行動の特徴……〔32113－1－4－108～110〕

一九三九年五月から七月まで日本軍捕虜リスト……〔37977－1－63－47～48・原本・遅くとも八月に作成された文書〕

一日　二時。敵の南東方向移動にともない、第一線の師団部隊を移動させよとの第二三師団作戦指令書第一五八号……〔32113－1－4－63〕

ホルステン河南方地域で敵の行動を活発化しているのにともなう第二三師団の戦闘任務に関する作戦指令書……〔32113－1－4－64～65〕

捕虜、歩兵第二六連隊ヤモジ兵士の証言……〔32117－1－296－12〕

二日　捕虜タグチ・シンジ飛行士の尋問調書……〔32117－1－295－11～12〕

三日　強化部隊到着にともなう部隊の配置換えに関する第二三師団の作戦指令書第一七〇号……〔32113－1－4－66～67〕

部隊に冬の軍服装備を確保せよとの第二三歩兵師団の指令書第一六八号……〔32113－1－293－118〕

一〇日　第六軍荻洲司令官からの軍の再編成に関する兵士への呼びかけ文……〔32113－1－4－118〕

一二日　第二三師団部隊の指揮名簿……〔32113－1－4－68～72、670－351～353〕

師団の指揮官名簿……〔32113－1－4－73～74、670－354～355〕

野戦重砲兵連隊への作戦指令書第一〇四号……〔32113－1－293－38〕

第六軍の形成にともなう第二三師団の作戦指令書第一八八号（第六軍には第二三師団、第八国境警備部隊、

第一、第二ハイラル軍事病院が加わる）……〔32113－1－293－22〕

一五日　イシイ部隊への指令書第一三号……〔32113－1－232－356～357〕

コバヤシ部隊司令部のインストラクション「ソビエト軍の夜間攻撃の特徴と戦いについて」……〔32113－1－4－104～107〕

一七日　一六時。イワオ隊長の日記……〔32113－1－4－76～78〕

ハイラルの建設現場で働いている中国人捕虜の証言……〔32117－1－296－74～75〕

一七日～二二日　イワオ隊長の日記……〔32113－1－294－57～58〕

一九日　第二三師団のハルハ河右岸地域での冬用住居の建設を早めよとする作戦指令書第一九二号……〔32113－1－293－27〕

第二三師団の師団司令部の移動に関する作戦司令書第二二六号……〔32113－1－293－26〕

二〇日　重砲兵連隊の任務実施結果に関する戦闘報告……〔32113－1－4－81～82〕

高地地域より東にある「東渡河」地点での敵の攻撃に関する第二三師団司令部の報告第九五号……〔32113－1－4－83～86〕

敵の攻撃に反撃せよとの第二三師団の戦闘任務指令書第一九三号……〔32113－1－193－157～158〕

二〇時。フイ高地地域ではじまったソビエト・モンゴル軍の攻撃にともなう、第二三師団の戦闘任務に関する作戦指令書第一九三号……〔32113－1－4－79～80〕

二〇日～二七日　第二三師団の歩兵第六四連隊カズマル曹長の日記……〔32113－1－294－59～60〕

二一日　二一時。攻撃してくる敵に対して戦闘を続行せよとする第二三師団の作戦指令書第一九四号……〔32113－1－4－87～88〕

七三九高地から敵を駆逐せよとの第二三師団部隊の戦闘任務が記された作戦指令書……〔32113－1－4－89〕

捕虜満州国軍ボウンジジンの証言……〔32117－1－296－14〕

捕虜ヤマシタ一等兵の証言……〔32117－1－296－26〕

二二日　第二三師団第六軍の構成を一部変更するとの作戦指令書……〔32113－1－4－90〕

占めている陣地を死守し、敵の攻撃に対して反撃を加えよとの第二三師団作戦指令書第九五号……〔32113－1－4－91～92〕

捕虜アリタ隊長とハマダ・サメジ曹長の証言……〔32117－1－296－15～16〕

二三日　一四時。第二三師団の後方から敵右翼方面へ攻撃をかけるため主要勢力を移動させよとの作戦指令書第一

……〔32117 - 1 - 296 - 61～63〕

三〇日　第七砲兵連隊サクライ下士官の尋問調書……〔32117 - 1 - 296 - 58～59〕

三一日　捕虜イトシト・トフの尋問調書……〔32117 - 1 - 296 - 64〕

第二三師団指揮官の戦闘地域状況に関する報告……〔32117 - 1 - 60 - 170～174〕

八月末　捕虜ツァガン・ハルハ、アリム・ドシン、バイ・ドルジ、バインドリュン、ロウデ・ベジュ、ドングルチャフ（いずれもモンゴル人）の証言……〔32117 - 1 - 296 - 69～73〕

夏　ハリツキからコバヤシ宛ての手紙……〔32113 - 1 - 4 - 120〕

日本兵捕虜の証言（アリサン一等兵、セイニ少将、ボトノビの証言）……〔32117 - 1 - 296 - 76～78〕

九月

一日　日本軍の中級・上級幹部スタッフ名簿……〔32117 - 1 - 296 - 89～92〕

捕虜タジチ・ヨシオ、クワバラ・ヨシオの尋問調書……〔32117 - 1 - 296 - 65〕

捕虜カナヤマ・フジオ一等兵の尋問調書……〔32117 - 1 - 296 - 66〕

一日以降　捕虜タチカワ・トヨジ、ハラ・トモタの尋問調書……〔32117 - 1 - 296 - 67～68〕

五日　第六軍司令官の部隊に対する呼びかけ文（九月八日に戦死した日本兵から発見された「極秘」と書かれた文書）……〔37977 - 1 - 60 - 206～207〕

六日　九四四高地より北の陣地を連隊の主力戦力で奪回せよとの作戦指令書……〔32117 - 1 - 296 - 79〕

一五日　タナカ曹長の証明書……〔32117 - 1 - 296 - 79〕

一九日　捕虜ウチヤマ・エコマ一等兵の尋問調書……〔32117 - 1 - 296 - 80〕

二五日　捕虜オイシ・モトヒロ、クリン・シンソの尋問調書……〔32117 - 1 - 296 - 43～45〕

七二二部隊司令官から集団軍第二部長宛て、三名の日本人とともに日本軍のトラックを拘束したとの報告書……〔32117 - 1 - 296 - 87〕

捕虜タナカ・ヨシの尋問調書……〔32117 - 1 - 296 - 93〕

捕虜アキバ・カズオの尋問調書……〔32117 - 1 - 296 - 94〕

朝鮮人捕虜チョン・ホ・ジツの尋問調書……〔32117 - 1 - 296 - 95～96〕

自動車修理部隊で働いていた日本人の尋問調書……〔32117 - 1 - 296〕

輸送部隊の捕虜、一等兵の尋問調書……〔32117 - 1 - 296 - 97〕

二七日　日本語の文書……〔32117 - 1 - 296 - 98～103〕

日本語で書かれた写真付き文書……〔32117 - 1 - 296 - 98～103〕

二八日　捕虜オザキ・ヒメイ一等兵の尋問調書……〔32117－1－296－86〕

捕虜シロカ・ソム一等兵の尋問調書……〔32117－1－296－85〕

捕虜シマムラ・エイビの尋問調書……〔32117－1－296－84〕

日付なし　日本人兵士へのビラ……〔32113－1－113－117、179、181、183、185、187～198・日本語での原本〕

捕虜の尋問調書……〔37977－1－63－445～446〕

第二三師団の将校名簿……〔37977－1－63－22～27〕

主な参考文献

『ノモンハン・ハルハ河戦争　国際学術シンポジウム全記録』
ノモンハン・ハルハ河戦争国際学術シンポジウム実行委員会編　原書房
『ノモンハン①　ハルハ河畔の小競り合い』
『ノモンハン②　剣を振るって進め』
『ノモンハン③　第二十三師団の壊滅』
『ノモンハン④　教訓は生きなかった』
アルヴィン・D・クックス著　岩崎俊夫訳　秦郁彦監修　朝日新聞社
『ハルハ河会戦　参戦兵士たちの回想』O・プレブ編　D・アルマース訳　田中克彦監修　恒文社
『ノモンハンの夏』半藤一利著　文藝春秋
『あれは何だったのか』楠裕次著（非売品）
『ノモンハン事件って何だったのか』楠裕次著（非売品）
『未完のノモンハン事件』楠裕次著（非売品）
『ノモンハン　それは、日本陸軍崩壊の序章であった！』楠裕次著（非売品）
『ノモンハンの真実　1939▼1999』楠裕次著（非売品）
『日ソ戦争への道』ボリス・スラヴィンスキー著　加藤幸廣訳　共同通信社
『ロシアがわかる12章』ユーラシア・ブックレット編集委員会　東洋書店
『ノモンハン戦場日記』ノモンハン会編　新人物往来社
『ノモンハンの地平　ホロンバイル草原の真実』細川呉港著　光人社
『失敗の本質　日本軍の組織的研究』戸部良一ほか著　中央公論社
『戦車戦入門　日本篇』木俣慈郎著　光人社
『モンゴル　民族と自由』田中克彦著　岩波書店

『モンゴルを知るための60章』 金岡秀郎著 明石書店
『変容するモンゴル世界 国境にまたがる民』 和光大学モンゴル学術調査団 新幹社
『地球の歩き方 モンゴル』 地球の歩き方編集室 ダイヤモンド・ビッグ社
『図説・モンゴル歴史紀行』 松川節著 河出書房新社
『日本人捕虜 上・下』 秦郁彦著 原書房
『シベリアの日本人捕虜たち』 セルゲイ・I・クズネツォフ著 岡田安彦訳 集英社
『別冊歴史読本 満州帝国の興亡』 新人物往来社
『図説・満州帝国』 太平洋戦争研究会 河出書房新社
『ハイラル 沈黙の大地』 日中平和調査団編 風媒社
『世界』 第六八三号 岩波書店

鎌倉英也（カマクラ・ヒデヤ）

長野県松本市出身。1987年、NHK入局。「NHKスペシャル」「ETV特集」などのドキュメンタリー番組を制作。教養番組部ディレクター、NHKエンタープライズ・チーフ・プロデューサー、文化福祉番組部チーフ・ディレクターなどを経て、制作局第2制作ユニット（社会・文化）エクゼクティヴ・ディレクター。主な番組作品は、「チョウ・ムンサンの遺書/朝鮮人BC級戦犯裁判」（1991年）、「安保改定/秘められた改憲構想」（1995年）、「ロシア小さき人々の記録/スベトラーナ・アレクシエーヴィチ」（2000年）、「E.W.サイード 最後の提言」（2003年）、「アウシュヴィッツ証言者はなぜ自殺したか」（2003年）、「日中戦争」（2006年）、「記憶の遺産」（2008年）、「解放と分断」（2010年）、「オキナワとグアム」（2014年）、「外国人収容者と共にありて」（2018年）、「武器ではなく一冊の本を」（2019年）、「砂浜に咲く薔薇のように」（2019年）など。監督した映画に「しかしそれだけではない/加藤周一・幽霊と語る」（2010年）。著書に『「空海の風景」を旅する』（2002年、中央公論新社）、『クロスロード・オキナワ』（2013年、NHK出版）など。

論創ノンフィクション 003

隠された「戦争」――「ノモンハン事件」の裏側

2020年8月1日　初版第1刷発行
2020年10月15日　初版第2刷発行

著　者　鎌倉英也
発行者　森下紀夫
発行所　論創社
東京都千代田区神田神保町 2-23　北井ビル
電話　03（3264）5254　振替口座　00160-1-155266

カバーデザイン　宗利淳一
組版・本文デザイン　アジュール
印刷・製本　中央精版印刷株式会社
編　集　谷川 茂

ISBN 978-4-8460-1942-6 C0095